Stephan Brey

Schnelleinstieg WordPress SEO

Stephan Brey

SCHNELLEINSTIEG WORDPRESS SEO

FRANZIS

Bibliografische Information der Deutschen Bibliothek

Die Deutsche Bibliothek verzeichnet diese Publikation in der Deutschen Nationalbibliografie; detaillierte Daten sind im Internet über http://dnb.ddb.de abrufbar.

Programmleitung: Dr. Markus Stäuble
Lektor: Tom Rathert
Satz und Layout: DTP-Satz A. Kugge, München
art & design: www.ideehoch2.de
Druck: CPI-Books
Printed in Germany

ISBN 978-3-645-60495-6

Dieses Buch ist meiner tollen Tochter

Leonie gewidmet.

Bleib, so wie du bist, und bleib dir treu!

Verändere dich nicht für andere!

Bedenke! Stillstand bedeutet nachdenken!

Leben ist Aktivität und Liebe, Stärke und Hoffnung!

VORWORT

Dieses Buch richtet sich an Webseiteninhaber, die ihre Webseite besser platzieren wollen, an Webdesigner, die ihren Kunden zu einem besseren Ranking und starken Suchergebnis-Seiten *(Search Engine Result Pages*, kurz *SERP*) und natürlich an all diejenigen, deren Wissen nicht mehr up to date ist, sowie an die Chefs, die nicht tausende Euros für eine SEO ausgeben wollen und dieses Buch lieber dem Verantwortlichen der Webseite auf den Schreibtisch legen wollen. Einfacher ausgedrückt: Das Buch ist für private und gewerbliche Webgestalter gedacht und ausgelegt. Das nötige Fachwissen wird gut erklärt, sodass kein weiteres Nachschlagen nötig ist.

Die meisten Webseitenbetreiber, vor allem aber potenzielle Kunden, würden ihre Webseite gerne auf einen der ersten Plätze bei den Suchergebnissen bei Google und Co sehen. Das ist bei organischen Suchergebnissen, also Suchergebnis-Seiten (SERPs), die nicht durch Werbung finanziert wurden, oft nicht möglich, weil bezahlte Services, wie AdWords, meist die ersten Plätze einnehmen.

Wenn das Unmögliche nicht möglich ist, dann wären zumindest einige Treffer in der oberen Hälfte der ersten Ergebnisseite wünschenswert. Das ist machbar!

Die Maßnahmen, die für eine Optimierung einer Webseite wie WordPress nötig sind, werden im Allgemeinen als SEO (*Search Engine Optimization*) bezeichnet, wobei man zwischen *Onpage-* (Optimierungen direkt auf der Website) und *Offpage-*Optimierungen (Verbesserungen außerhalb der Webseite) unterscheidet. Neben rein technischen Maßnahmen zur Ranking-Verbesserung lassen sich auch Inhalte und Medien für die Suche optimieren.

Was Sie mit SEO erreichen, hängt von der Zielgruppe der Webseite, von den Wettbewerbern und den Suchbegriffen bzw. Suchphrasen ab. Die sinnvollste Methode ist es, eine Checkliste zu erstellen, die beispielsweise folgende Punkte enthält:

- Wen soll die Webseite erreichen?
- Mit welchen Suchbegriffen soll die Seite gefunden werden?
- Ist die Webseite eine kommerzielle Seite, vielleicht ein Shop, oder ist sie privater Natur?

Das sind nur einige Fragen, die geklärt werden müssen, um eine WordPress-Seite passend für das Web und auch passend zum Kundenwunsch bzw. für die eigene Webseite zu optimieren. Wie und mit welchen Mitteln das möglich ist, soll dieses Buch vermitteln. Wenn Sie sich an die Inhalte im Buch halten, kann ich Ihnen Versprechen, dass sich Ihre Webseite in der Platzierung bei den Suchmaschinen in wenigen Tagen massiv verbessern wird. Ich wünsche Ihnen viel Spaß bei der Lektüre.

INHALTSVERZEICHNIS

1 SUCHMASCHINEN & SEO

1.1 Wie Suchmaschinen funktionieren

Ohne Suchmaschinen wäre das Internet kaum vorstellbar. Suchmaschinen, wie Google, sind riesige Datenspeicher, die alle von ihnen indexierten Webseiten speichern, auch über Jahre hinweg und meist sogar mit allen Versionen einer Webseite. Mit ein paar Tricks lassen sich sogar früher erstellte und von Google archivierte Webseiten anzeigen.

Die Ursache dafür, warum es in diesem Buch hauptsächlich um Google geht, liegt auf der Hand. Google ist und bleibt die größte und wichtigste Suchmaschine der Welt für Webseiten. Keine andere konnte sie bisher einholen. Trotzdem sollte man die Entwicklung der anderen Suchmaschinen im Auge behalten. Yandex z. B ist eine Suchmaschine in Russland. China und Indien sind zwei große Staaten, und wer weiß, was sich die beiden einfallen lassen, um Google den ersten Rang streitig zu machen. Eine Übersicht der meistverwendeten Suchmaschinen zeigt die Machtverhältnisse dennoch deutlich auf:

STAND OKTOBER 2015 (QUELLE: `SEO-UNITED.DE`**)**	
Verwendete Suchmaschinen	Anteil
Google	96.16 %
Bing	2.43 %
Yahoo	1.03 %
Ask.com	0.15 %
T-Online	0.12 %
AOL	0.10 %
Yandex	0.06 %

Google ist mit knapp 97 Prozent die beliebteste Suchmaschine weltweit. Auch wenn es, wie schon gesagt, nicht sicher ist, wie es sich in China verhält. Unstrittig ist daher, für welche Suchmaschine die WordPress-Seite optimiert werden muss. Seltsam und geheimnisvoll ist die Tatsache, dass die eigene Webseite nur bei Google angemeldet werden muss, um auch mit anderen Suchmaschinen gefunden zu werden. Ausnahmen sind ausländische bzw. nicht internationale Suchmaschinen, die nur nationale Webseiten indexieren.

TIPP: GOOGLE-ANMELDUNG IST PFLICHT

Eine Anmeldung bei Google ist ein Muss. Melden Sie Ihre komplett optimierte Webseite über *www.google.com/submityourcontent* bei Google an.

Nach eigenen Angaben schätzt Google seine bereits indexierten und gecrawlten Webseiten auf mehrere Billionen. Man kann aber sicher davon ausgehen, dass Milliarden und nicht Billionen gemeint sind. Ein Fehler, der sich oft einschleicht, wenn die englische Billion ins Deutsche übersetzt wird. In der Realität dürften es locker einige hundert Milliarden sein. Um die Zahl etwas zu verdeutlichen: Google meint damit neben allen neuen auch alte Webseiten, Unterseiten von Webseiten, Blogs und Dokumente sowie Bilder und andere Inhalte.

Veröffentlichte Webseiten werden in der Regel von den Suchmaschinen auch ohne Anmeldung gefunden. Eine Anmeldung bei Google oder Bing ist nicht zwingend nötig, aber unbedingt empfehlenswert. Alle Suchmaschinen verwenden für das Finden und Indexieren von Webseiten einen *Webcrawler*, auch *Googlebot* oder *BOT* im Allgemeinen genannt. Bots sind Programme, die die Datenbanken der Suchmaschinenbetreiber durchlaufen und alle Webseiten und Kataloge auf deren Inhalte untersuchen. Die Folge eines *Crawlings* mit einem BOT ist letztlich die Indexierung der Webseite und deren Platzierung bei den Suchabfragen. Das Tolle ist, dass man dem BOT mitteilen kann, wie oft er Ihre Webseite besuchen soll und nach welchen Inhalten er suchen muss. Andere Suchmaschinen, wie Bing, crawlen Webseiten ebenfalls mit ihren eigenen Crawlern. Nur am Rande: Sie können in WordPress relativ leicht feststellen, welcher BOT gerade auf Ihrer Webseite ist. Mit dem Plug-In *Visitor Maps and Who's Online* werden alle aktuellen Besucher angezeigt. Wie das aussehen kann, sehen Sie in der nächsten Abbildung.

Bild 1.1: Besucher- und BOT-Ansicht über das Plug-In *Visitor Maps*

Mit diesem schönen Plug-In lässt sich die Ansicht mit und ohne BOTs einstellen. Außerdem werden bei referenzierten Seiten auch die *Referrer* angezeigt. Ein Referrer ist die Internetadresse der Webseite, von der der Benutzer durch Anklicken eines Links zu der aktuellen Seite gekommen ist (englisch *to refer*, verweisen). Beim Abruf der Seite wird der Referrer an den Server, der die Seite bereitstellt, übermittelt. Das Plug-In bietet in seiner einfachen Konfiguration viele Informationen über aktuelle und vergangene Besucher und vieles mehr.

Für die *organische Suche* (Suchergebnisse ohne Werbung) setzen Google, Bing, Ask und andere Algorithmen ein. Algorithmen sind Programme bzw. Programmabläufe, die anhand bestimmter Faktoren eine indexierte Webseite aufgrund der Suchabfrage durchsuchen und ein Ergebnis zurückliefern.

Ein Faktor ist der *PageRank*. Der PageRank ist die Messung, wie viele Links von der Webseite auf eine andere Webseite bzw. auf ein anderes der Öffentlichkeit zugängliches Verzeichnis zeigen.

Dabei spielt die Qualität eines Links eine bedeutende Rolle. Der Googlebot erkennt qualitativ schlechte Links, sogenannte SPAM-Links, und wertet die Seite daraufhin ab. Es ist also nicht nur wichtig, externe Links auf der Seite zu haben, sondern gute, sinnvolle Links.

Der Google-Algorithmus

In regelmäßigen Abständen führt Google ein Update seiner Algorithmen durch. Für Webdesigner ist es daher sehr wichtig, auf dem aktuellen Stand zu sein, denn Google verbessert kontinuierlich seinen Algorithmus.

Das letzte Update, mit der Bezeichnung *Penguin*[1], wurde im Oktober 2014 veröffentlicht. Was ist das Ziel des Updates? Der Algorithmus Penguin ist Googles Reaktion auf manipulatives Linkbuilding, aufgrund dessen die Platzierungen durch die Suchmaschine seit Jahren ungenau und nicht richtig erfolgten. Unter Linkbuilding versteht man die Links, die von der eigenen Webseite auf andere Webseiten oder generell zu anderen Inhalten verlinkt werden. Linkbuilding ist ein Teil der Offpage-Optimierung. Links, die von anderen Inhalten bzw. Webseiten auf die eigene Webseite zeigen, nennt man Backlinks. Die Qualität der Backlinks war zweifelhaft und diente oft nur dem Zweck, das Ranking, aber nicht die Qualität der Webseite zu verbessern. Seit diesem Update straft Google Webseitenbetreiber, die mit gekauften oder getauschten Links das Ranking verbessern wollten, ab. Unter Umständen kann dies zu einer kompletten Abstufung der Webseite führen. Google vertraut der Domain dann nicht mehr und der Betreiber verliert Traffic und wird wesentlich schlechter platziert. Google will damit eine höhere Qualität des Backlink-Profils erzeugen und den Druck auf die Seitenbetreiber erhöhen, qualitativ hochwertige Backlinks zu verwenden.

Im Juli 2015 wurde das Google Update *Panda Version 4.2*[2] veröffentlicht. Panda ist kein Update des Algorithmus, sondern ein sogenannter Daten-Refresh. Bei einem Daten-Refresh wird über alle von Google indexierten Webseiten ein Filter angewendet und Webseiten mit schlechter Content-Qualität werden abgewertet. Danach erfolgt eine Aktualisierung der Indexe, dies wird Daten-Refresh genannt.

Sind Updates und Daten-Refresh spürbar?

Ein Algorithmus-Update hat einen spürbaren Effekt auf viele Webseiten, weil deren Ranking sich anschließend verbessert oder verschlechtert. Google meint, das Panda-Update betreffe ca. 12 Prozent aller englischen Suchabfragen. Man darf davon ausgehen, dass deutsche Webseiten gleichauf liegen.

Ein Daten-Refresh erzeugt weniger Wirbel. Das Panda-Update „Daten-Refresh" betraf lediglich 1-2 Prozent aller englischen Suchabfragen.

Manchmal werden Google-Updates nicht angekündigt und erhalten erst bei der Veröffentlichung einen Namen. Ein solches „Phantom"-Update macht seit Mai die Runde und soll Suchanfragen mit lokalem Bezug hervorheben. Das klingt interessant, ist aber noch in Erprobung, und es lässt sich bis dato nur das Land auswählen, die Stadt noch nicht. Ziel wird es sein, lokale Unternehmen und Dienstleister stärker in lokale Suchabfragen einzubinden (siehe die folgende Abbildung).

1 Version 3.0.

2 Das erste Panda-Update wurde im Jahr erstmalig 2011 ausgerollt. Seitdem erfolgen regelmäßige Updates für Panda.

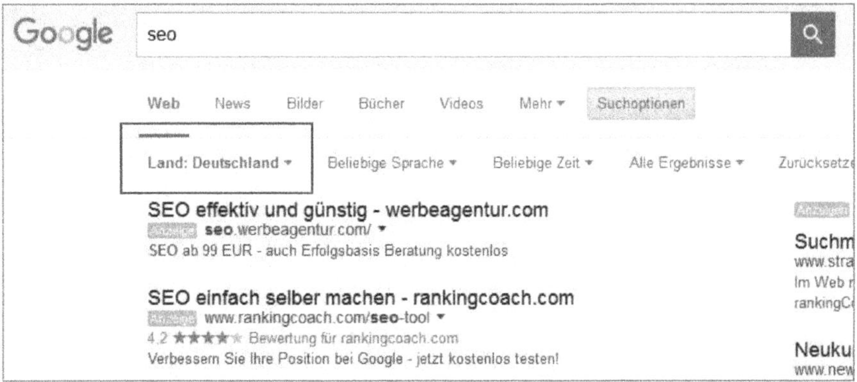

Bild 1.2: Eine Suchabfrage mit Orts- bzw. Länderbezug bei Google

TIPP:

Besuchen Sie die Webseite (englische Sprache) *https://moz.com/google-algorithm-change.*
Dort sind alle aktuellen und vergangenen Google-Updates beschrieben.
Weitere Informationen dazu finden Sie beispielsweise auf der Webseite *http://www.googlewatchblog.de.*

Eine Webseite muss indexiert sein, um gefunden zu werden. Der Crawling-Prozess von Google beginnt mit einer Liste von Webseiten-URLs, die aus vorhergehenden Crawling-Prozessen generiert und mit den von den Webmastern bereitgestellten Sitemap-Daten vervollständigt wurde.

Kompliziert? Eigentlich nicht! Die Suchmaschinen, allen voran Google, verwenden die Informationen des Crawlers, die dieser aus den von ihm besuchten Webseiten herausgelesen hat, und die Informationen der Webseiten selbst (z. B. Meta-Angaben in der index.php der Webseite).

Google nimmt alle indexierten Webseiten in einen Katalog auf. Beim Besuch dieser Websites erkennt der Googlebot alle eingehenden und ausgehenden Links auf jeder Seite und fügt sie der Liste der zu crawlenden Seiten hinzu.

Neue Websites, Änderungen an bestehenden Websites und veraltete Links werden ermittelt und zur Aktualisierung des Google-Indexes verwendet. Ermittelt der Googlebot nach einer weiteren Indexierung der Webseite Unterschiede in Struktur und Inhalt, fällt der PageRank entweder besser oder schlechter aus. Die Webseitenoptimierung ist ein laufender Prozess, der im Grunde nie abgeschlossen ist.

Sie können mittels Meta-Tag selbst festlegen, wie oft der Suchmaschinen-Crawler (BOT) Ihre Webseite besuchen soll. Vor allem bei Webseiten mit häufig wechselndem oder neuem Inhalt ist das regelmäßige Crawlen der Webseite wichtig. Genau für diesen Zweck wurden Instrumente und Methoden entwickelt, die sich mit der Optimierung der Webseiten für Suchmaschinen befassen. Sie werden unter dem Begriff *SEO* zusammengefasst.

1.2 Was ist eine SEO?

Suchmaschinenoptimierungen (*Search Engine Optimization*) sind Vorkehrungen bzw. Maßnahmen mit dem Zweck, das Ranking, sprich die Bewertung, einer Webseite bei den Suchmaschinen zu verbessern. Man unterscheidet zwischen Onpage- und Offpage-Optimierung.

Onpage:

Unter Onpage versteht man die Optimierung aller Elemente, Texte, Bilder und Social-Media-Komponenten, die sich auf der Webseite befinden. Es sind Programmier- bzw. manuelle Maßnahmen nötig, die Elemente auf der Webseite so zu optimieren, dass sich das Ranking bei den Suchmaschinen deutlich verbessert. Allerdings klappt das nur, wenn man weiß, wie gut die Seite vorher gerankt war. Beispiele hierfür sind das ALT-Attribut und das TITLE-Attribut für Bilder und Text. Man nimmt an, dass die Onpage-Optimierung ca. 20% eines Rankings ausmacht. Mehr dazu auf den kommenden Seiten.

Offpage:

Offpage-Optimierung umfasst alle Maßnahmen zur Suchmaschinenoptimierung, die nicht direkt auf der Seite gemacht werden und somit nur bedingt beeinflusst werden können. Da Google einen großen Wert auf qualitativ hochwertige Links legt, ist das Linkbuilding einer Webseite ein enorm wichtiger, aber auch ein sehr langwieriger Teil einer Optimierung. Gute Ergebnisse sind nicht gleich zu erwarten, sondern eher nach Tagen und Wochen messbar.

Je mehr inhaltlich relevante Links von und auf die Webseite zeigen, desto höher bewertet Google die Seite, und der PageRank verbessert sich.

Darüber hinaus gibt es andere, eher technisch-wissenschaftliche Methoden, die uns aber für eine WordPress-Optimierung nicht weiter interessieren. Unser Augenmerk auf den folgenden Seiten liegt bei der On- und Offpage-Optimierung von Inhalten und Strukturen einer WordPress-Webseite.

1.3 Das aktuelle WordPress — was bringt es mit?

WordPress ist das bis dato beliebteste *Content Management System* (CMS) weltweit (Quelle: PC-WELT). Für kein anderes System gibt es mehr Plug-Ins, Themes und Communitys. WordPress schreibt dazu:

Über 60 Millionen Menschen haben WordPress als Grundstein für den Ort gewählt, den sie im Web Home nennen. Wir freuen uns, dich in dieser großen Familie zu begrüßen!

Dadurch ergeben sich sehr viele Möglichkeiten für den Anwender einer WordPress-Seite. Die Community ist wirklich sehr groß und es gibt Tonnen von kostenlosen Plug-Ins für die Funktionserweiterung. Die Installation neuer Plug-Ins und Erweiterungen ist denkbar einfach, und sollten einmal Fehler auftreten, lassen sie sich denkbar einfach beheben. Das liegt auch an der durchdachten Struktur des Systems. Plug-Ins lassen sich beispielsweise per FTP hochladen und genauso leicht wieder entfernen. Tritt während der Plug-In-Installation ein Fehler auf und ist WordPress nicht mehr erreichbar, genügt es in den meisten Fällen, das Plug-In zu löschen, und schon klappt es wieder. So einfach ist es bei anderen Systemen nicht. Kurzum: WordPress ist der MAC unter den Content-Management-Systemen.

Spätestens seit der Version 4.x ist WordPress *responsive* (deutsch: reagierend, reaktionsfähig). Was bedeutet das? Responsives Webdesign bedeutet, die Webseite passt sich der Umgebung an, und zwar der Hardwareumgebung. Die Seite reagiert auf die Anforderungen des mobilen Endgerätes, das die Seite aufgerufen hat. Ob es ein PC mit einer Bildschirmauflösung von 1900 x 1480, ein iPhone oder ein Android, ein Tablet oder ein Notebook ist: Die responsive Architektur von WordPress lässt die Seite immer gut, oder zumindest angepasst, aussehen. Das ist ein wichtiger Grundstein für unsere SEO. Suchmaschinen ranken responsive Webseiten besser als nicht responsive Webseiten. Der Grund dafür ist, dass mobiles Internet immer wichtiger wird und einen immer größer werdenden Wirtschaftszweig darstellt.

1.3.1 Warum ist Responsive Webdesign gut für das Ranking bei Suchmaschinen?

Google will die Besucher auf Websites weiterleiten, die sie annähernd gezielt gesucht haben. Wird ein Suchergebnis sofort wieder verlassen, entspricht das Ergebnis nicht der Suche. Für Google ist das ein Signal, dass die Inhalte der Seite nicht mit dem Suchwort übereinstimmen. Der Fachbegriff für diesen Vorgang nennt sich *Bounce Rate*.

Wenn Inhalte einer mobilen Webseite nicht mit der normalen Webseite übereinstimmen, kehren Suchende zurück zur Google-Suche und suchen erneut. Die Struktur der Webseite und der mobilen Seite sollte also gleich sein. Das wird Responsive Webdesign genannt und ist ein Muss für alle optimierten Webseiten. Mitunter meinen einige Webmaster, dass eine zweite, mobile Version der Webseite vorhanden sein muss, um die Verträglichkeit mit den mobilen Endgeräten zu gewährleisten und nicht abgewertet zu werden. Das stimmt nur zum Teil, und zwar dann, wenn der Content der mobilen Webseite an einem anderen Ort liegt als der Content der Desktop-Version.

Eine mobile Webseite mit dem gleichen Content wie die Desktop-Webseite wird von Google nicht wegen doppelten Contents abgewertet, da sich alle Inhalte physisch am selben Ort befinden. Das gilt übrigens auch für eine Multisite (WordPress Multisite). Auf der anderen Seite dürfte es kaum nötig sein, eine zweite mobile Seite zu erstellen, da WordPress bereits responsive ist und sich mobilen Endgeräten anpassen kann. Vielleicht nicht immer reibungslos und frei von Designfehlern, aber immer responsive. OK, Spaß beiseite! Selbstverständlich gibt es auch für dieses Problem ein passendes Plug-In aus dem riesigen Plug-In-Depot von `WordPress.com`.

Google hat verlauten lassen, dass es mobil-optimierte Websites in der mobilen Suche besser rankt. Google selbst empfiehlt Responsive Webdesign, was bedeutet, dass responsive Webseiten viel besser ranken als reine mobile Websites.

Bei einer responsive gestalteten Website zeigt ein eingehender Link immer sowohl auf die klassische Desktop-Website als auch auf die mobile Website, wertet also beide Versionen auf. Da mobile Websites oft nicht sehr alt sind, haben sie naturgemäß auch weniger eingehende Links. Im Klartext bedeutet dies, dass Ihre Wettbewerber mit rein mobilen Websites im Linkaufbau hinterherhinken!

WordPress bringt schon eine Menge für eine gute SEO mit. Aber selbstverständlich gibt es eine erhebliche Anzahl SEO-unterstützender Plug-Ins die, teils kostenlos, teils kostenpflichtig, die SEO qualitativ unterstützen. Die Plug-Ins nehmen Ihnen die eigentliche Optimierung nicht ab, sondern unterstützen Sie lediglich.

1.4 WordPress als CMS oder Blog oder beides?

Wenn wir über SEO mit WordPress nachdenken, dann sollte uns auffallen, dass WordPress ursprünglich als Blog-Software entwickelt wurde. Im Prinzip ist das immer noch der aktuelle Stand, denn traditionell findet sich immer eine Beispielseite mit der Bezeichnung *Blog* in jeder WordPress-Installation.

Ob Sie die Webseite als puren Blog oder nur teilweise als statische Webseite verwenden, spielt indes keine große Rolle. Vorausgesetzt, die Angaben in der META-Beschreibung und verlinkter Social-Media Content sind vorhanden. In WordPress wird auch zwischen Beitrag und Seite unterschieden. Verwenden Sie z. B. das *Jetpack*-Plug-In, kann jeder neue Beitrag auch auf einer Facebook-, Google+- oder Twitter-Seite veröffentlicht werden. Nichts ist besser als ständig frischer hochwertiger Content. Auch dazu später mehr.

1.5 Ist eine Landingpage nötig?

Laut Wikipedia ist eine Landingpage eine speziell eingerichtete Webseite, die nach einem Mausklick auf ein Werbemittel oder nach einem Klick auf einen Eintrag in einer Suchmaschine (Google, Bing, u. a.) erscheint und auf den Werbeträger und dessen Zielgruppe optimiert ist. Manchmal wird eine Landingpage mit einer Onepage verwechselt (bitte nicht verwechseln mit Onpage). Tatsache ist aber, dass eine Landingpage auch eine Onepage sein kann und umgekehrt. Onepage bedeutet lediglich, dass alle Inhalte auf einer Seite platziert sind und die Unterpunkte durch Scrollen der Page erreicht werden können. Sehr beliebt und praktisch bei mobilen Endgeräten.

Ist es sinnvoll, eine Landingpage zu gestalten? Das hängt stark davon ab, welche Zielgruppe mit der Webseite erreicht werden soll. Grundsätzlich aber gilt: Um einen Artikel gezielt online zu vermarkten, ist eine Landingpage sicher richtig. Wie gesagt, es hängt von Ihren Interessen bzw. geschäftlichen Zielen ab. Ein Rechtsanwalt mit dem Fachgebiet Arbeitsrecht benötigt eher keine Landingpage. Ein Shop, der E-Zigaretten verkauft, wahrscheinlich ja. Bei Letzterem genügt eine Landingpage allerdings nicht, es gilt auch, den eigentlichen Shop zu optimieren. Deswegen ist es unumgänglich, ausführlich darüber zu sprechen, was eigentlich erreicht werden soll. Nur so kann eine Seite gezielt optimiert werden. Da wir aber mit WordPress arbeiten, ist alles möglich. Da WordPress multipagefähig ist, können Sie eine Landingpage, eine Onepage und eine normale Webseite gestalten. Alle Webseiten greifen dann auf denselben Inhalt zu. Besser geht es kaum. In anderen Content-Management-Systemen ist das nicht so ohne Weiteres möglich, in WordPress hingegen (fast) ein Kinderspiel. Sie werden Ihre Webseite erfolgreich optimieren, wenn

Sie sich eine Strategie zulegen. Eine Strategie kann eine Art Gliederung sein, eine Liste oder mehr.

1.6 SEO-Strategien festlegen

Am Anfang einer Optimierung sollte eine Checkliste stehen. Naja, sagen wir zwei Listen. Eine für Sie, den Webseiten-Optimierer (der Webdesigner oder einfach der Betreiber der Webseite), und eine für den Auftraggeber (natürlich nur, wenn Sie einen haben). Andernfalls gilt Liste 1 auch für Sie). Noch einmal zur Erinnerung: Melden Sie am besten keine unfertige Webseite an, sondern eine fertiggestellte und technisch und textlich optimierte Seite (falls Sie einen Auftrag haben, kann selbstverständlich die Optimierung von Text und Bildmaterial von Ihnen übernommen werden).

Falls Sie eine Webseite für einen Dritten erstellen, müssen nur bestimmte Punkte mit dem Auftraggeber besprochen werden. Dies könnten z. B. folgende sein:

- Um welche Branche handelt es sich?
- Handelt es sich um einen kommerziellen Auftritt?
- Wie ist die aktuelle Suchbegriffdichte auf der Webseite?
- Welche Suchbegriffe sollen vor anderen stehen?
- Wie sollen sich die META-Angaben, wie z. B. Autor, zusammensetzen?
- Wie ist das aktuelle Ranking der Webseite?
- Wurden bereits Optimierungen vorgenommen, wenn ja, welche?
- Sind alle Texte und Bilder vorhanden?
- Sind alle rechtlich relevanten Texte vorhanden?
- Gibt es Partner oder Referenzen für qualitativ hochwertige Backlinks?
- Sind Social-Media-Verknüpfungen, Facebook, Google+ etc., angelegt?
- Sind die WordPress-Seite und alle Plug-Ins upgedatet?
- Sind alle Zugänge wie FTP, SQL-Datenbank etc., vorhanden?

Natürlich gibt es Unterschiede bei Webseitenbetreibern, Webseiten, Themes und Plug-Ins. Viele Fragen sind vielleicht bereits beantwortet. Gestalten Sie die Checkliste nach Ihrem Gusto, nach Ihren Anforderungen. Wichtig ist lediglich, dass Sie keine Punkte vergessen und so viele Informationen wie möglich erhalten.

1.6.1 Was benötigt der Webdesigner?

Wenn Sie eine Checkliste für den Webseitenbetreiber angelegt haben und nicht selbst der Betreiber sind, ist es ebenfalls ratsam, eine Checkliste anzulegen. Aber nicht nur das: Sie benötigen auch Programme, die Sie bei der Optimierung unterstützen.

Es gibt zahlreiche Checklisten-Beispiele im WWW. Nach der Lektüre dieses Buches wird sich Ihre individuelle Checkliste wahrscheinlich erweitern und ist daher erst am Ende des Buches wirklich sinnvoll. Dennoch ein kleiner Vorgeschmack auf eine Checkliste, die durchaus aus 40-150 Punkten bestehen kann.

- Ist der Internetauftritt responsive, also für mobile Endgeräte angepasst?
- Funktionieren alle Links auf meiner Website?
- Richten sich HTML und CSS nach dem W3C-Standard?
- Gibt es eine Sitemap und wurde sie in den Webmaster Tools hochgeladen?

1.6.2 Programme

SEO-Analyse-Tools:

Unter SEO-Analyse-Tools versteht man jene SEO-Tools, die dazu dienen, entweder Teile oder die Gesamtheit des eigenen Webauftritts oder der Wettbewerber zu analysieren, um entsprechende SEO-Maßnahmen einleiten zu können. Kostenpflichtige Tools sind in folgender Liste mit (€) markiert.

- IBP Internet Business Promoter (€) (kostenpflichtig bei *www.ibusinesspromoter.de*)
- ASEOPS von ACEBIT (€) (kostenpflichtig *www.acebit.de*)
- Google Webmaster Tools (kostenlos bei *www.google.de*)
- Google Keyword Tool (kostenlos bei *http://google.de*)
- Sistrix (€) (teils kostenpflichtig bei *www.sistrix.de*)
- SEOkicks (*www.seokicks.de*) Onlinetool
- MOZ (*https://moz.com/researchtools/ose*) Onlinetool

Linkbuilding-Tools:

Linkbuilding-Tools sind jene SEO-Tools, die bei der Akquise von Links hilfreich sind. Zumeist handelt es sich dabei allerdings um organisatorische Tools.

- Linkbird (*www.linkbird.com/de*) Onlinetool
- Buzzstream (*www.buzzstream.com*) Onlinetool
- Linkbutler (*https://www.linkbutler.de*) Onlinetool

SEO-Plug-Ins:

Hierunter fasse ich einige SEO-Tools für WordPress zusammen, die installiert werden können und Zusatzfunktionen bieten – quasi SEO-Tools zur Ergänzung bestehender Strukturen. Teils kostenpflichtig! Alle Plug-Ins finden Sie auf der Webseite *https://de.WordPress.org/plugins*

- YOAST (auch in seiner kostenlosen Variante brauchbar)
- SEO Friendly Images – Bilderoptimierung (kostenlos)
- Google XML Sitemaps (kostenlos)
- Redirection: 301-Redirects (kostenlos)
- Plug-In Performance Profiler: Geschwindigkeit (kostenlos)
- WP Smush.it: Bildverkleinerung (kostenlos)
- W3 Total Cache: Caching (kostenlos)

Aktuelles Google Mobile Update (Mai 2016)

Seit Mai 2016 verwendet Google ein Update für mobile Geräte. Dabei werden Ihre Seiten auf Mobiltauglichkeit geprüft. Weitere Informationen erhalten Sie auf der Webseite *www.google.com/webmasters/tools/mobile-friendly*

Diese ist auch gleichzeitig die Seite, um Ihre Webseite auf Mobility hin zu prüfen.

Bild 1.3: Google Developers zum Testen der Mobility

2 WORDPRESS SEO-FIT MACHEN

Eines vorweg: Es gibt eine Reihe von Optimierungsmöglichkeiten für Webseiten. Dynamische Seiten haben gegenüber statischen HTML-Webseiten Vor-, aber auch Nachteile. WordPress kann beides. Es ist sowohl möglich, statischen Content einzubinden und zu optimieren, als auch, den standardmäßigen dynamischen Content suchmaschinenfreundlicher zu gestalten.

Die Entscheidung darüber, welche Art der Optimierung Sie bevorzugen, hängt auch davon ab, ob es eine frische, neue Seite ohne Optimierungen ist, oder ob es eine bestehende Seite ist, die bereits optimiert wurde, aber weiter optimiert werden soll. SEO ist ja keine einmalige Angelegenheit, sondern ein ständiger Prozess, der von Neuerungen und auch von der Konkurrenz abhängig ist.

Planen Sie das bitte ein: Optimierungen an einer Webseite benötigen ein paar Tage (manchmal auch Wochen) Zeit, um sich auszuwirken.

Wenn Sie die Vorschläge und Tipps in diesem Buch beherzigen, sollte Ihnen ein gutes Ranking sicher sein.

2.1 Ziele und Voraussetzungen einer SEO

Vor der Suchmaschinenoptimierung sollten Sie sich und gegebenenfalls dem Kunden auf jeden Fall ein klares Ziel setzen. Ohne Zieldefinition können Sie nicht feststellen, ob Ihre Maßnahmen etwas bringen. Das bedeutet: Messen bzw. analysieren Sie die Webseite stets vor und nach den Optimierungen. Von Ihrer Zieldefinition hängt das weitere Vorgehen ab:

- die Auswahl der weiteren Maßnahmen
- die Auswahl der Werkzeuge
- die Definition des Budgets für Ihr Vorhaben, es sei denn, es ist Ihre Webseite
- Ihr Ziel muss realistisch sein.
- Ihr Ziel muss nachvollziehbar sein.
- Ihr Ziel muss messbar sein.
- Nur wirksame Ziele sind erstrebenswert.

Nicht alle SEO-Tools analysieren mit gleichen Mitteln und bieten dieselben Funktionen. Deshalb lernen Sie mindestens ein Tool für jedes Thema kennen. Anhand der Vorher-/Nachher-Ergebnisse sehen Sie die Vorteile der einzelnen Programme.

Als Beispiel dienen die Optimierungen an einem echten Live-Beispiel. Es handelt sich um zwei WordPress-Seiten, eine Standardseite und einen WordPress Woo-

Commerce Onlineshop. Beide Seiten sind nicht optimiert, lediglich das kostenlose SEO-Plug-In Yoast ist in beiden Installationen vorhanden. Anhand dieser beiden Beispiele lassen sich Veränderungen im Ranking relativ schnell analysieren und überprüfen. Außerdem dient ab und an eine ganz frische, inhaltslose WordPress-Seite als Vergleich. Die Ergebnisse der Optimierungen stehen jeweils am Ende einer Optimierung.

Da nicht alle SEO-Tools gleich analysieren, sehen Sie die Ergebnisse nicht immer für alle Analyse-Programme, aber immer mit mindestens einem SEO-Programm.

2.1.1 Wie ist dieses Kapitel aufgebaut?

a) Zuerst lernen Sie einige Ranking-Tools kennen.

b) Danach erstellen Sie eine erste Analyse der Webseite. Zum Lernen gibt es drei Webseiten als Test-Seiten. Diese werden analysiert und die Ergebnisse als Referenz festgehalten.

Verwendete Webseiten:

- eine leere neue WordPress-Installation mit installiertem Yoast und Jetpack für WordPress-Plug-In unter der URL *http://seo.redrice.biz*
- eine bereits erstellte und online verfügbare Webseite, die allerdings noch nicht optimiert und unter folgender Adresse zu erreichen ist: *http://www.yogastuff.de.* Installierte Plug-Ins dieser Seite sind Yoast, Google Analytics Plug-In, Jetpack für WordPress. Auf dieser Seite ist auch ein WooCommerce-Onlineshop installiert.
- eine halboptimierte WordPress-Seite ohne Shop mit folgender URL: *http://redrice.biz*
  installiertes Plug-In: Jetpack für WordPress

c) Beschreibung von SEO-Maßnahmen und ihrer Wirkung auf das Ranking. Oft mit Vorher-/Nachher-Vergleich

d) Am Schluss Kontrolle der Optimierungen und Checkliste für die eigene Webseite. Mithilfe dieser ultimativen Checkliste für WordPress können Sie alles praktisch umsetzen und gleich messen lassen.

Fassen wir nochmals zusammen, in welche Bereiche sich eine SEO einteilen lässt und an die ich mich auch halten werde:

2.1.2 Onpage-SEO

Dieses SEO-Themengebiet umfasst alle Maßnahmen, die Sie auf Ihrer Seite selber vornehmen können. Hier geht es vor allem um Technik und den richtigen Content. Dieser Punkt ist ohne Zweifel die Hauptaufgabe bei der Suchmaschinenoptimierung. Welche technischen Voraussetzungen muss die Internetseite erfüllen und wie präsentiert man seine Inhalte am besten für Google?

- Ladezeiten der Webseite
- Bilder, Titel
- H-Überschriften (H1, H2, H3 etc.). Mit H-Tags formatierte Titel und Überschriften werden von den BOTs bevorzugt gelesen. Der Grund: Die BOTs halten H-Inhalte maßgeblich für den darauffolgenden Inhalt.

2.1.3 Offpage-SEO

Nicht nur durch Anpassungen auf der eigenen Seite, sondern auch durch externe Maßnahmen kann man seine Seite in Google nach oben bringen. Hier geht es vor allem darum, die eigene Internetseite im gesamten Internet bekannter zu machen. Die Hauptmaßnahme heißt Backlinks sammeln.

- Partnerlinks
- Social Media
- Mediale Inhalte

2.1.4 Kontrolle und Checkliste

Alle möglichen Maßnahmen zur Suchmaschinenoptimierung sind durchgeführt. Jetzt ist es wichtig, zu überprüfen, ob die Ziele der Seite erreicht worden sind. Bekomme ich mehr Besucher über Google? Führen die Besucher meiner Internetseite auch die gewünschten Aktionen aus? Was hat man von einer Top-Position, wenn der Erfolg der Seite ausbleibt?

Los geht es mit einer ersten Analyse der Webseite!

2.2 Webseiten-Analyse

Die erste Handlung vor allen anderen Aktionen sollte die Analyse der fertigen Webseite sein. Es wird also der IST-Zustand der Seite angeschaut bzw. der aktuelle Optimierungsgrad der Seite. Für diesen Zweck werden einige Tools sowie Software und/oder SEO-Analyse-Webseiten benötigt.

Seltsamerweise geben unterschiedliche Tools verschiedene Ergebnisse aus. Es gibt demnach keine zwei gleichen Ergebnisse bei der Rankingbewertung. Im Grunde ist das auch gar nicht nötig. Wichtig ist lediglich, dass in jedem Tool die Ursache für eine Bewertung aufgezeigt wird. Zum Beispiel die Ladezeiten einer Webseite. Alle eingesetzten Werkzeuge wiesen z. B. auf diesen Makel meiner Webseite hin, ganz gleich wie am Ende der Rankingwert aussah. Ich weiß jetzt aber, dass ich unbedingt meine Ladezeiten verbessern muss, weil sonst meine Bewertungen in den Keller fallen.

Die Auswahl der SEO-Tools sollte die Bewertung der Seite nicht beeinflussen. Es gibt viele Tools, und vielleicht haben Sie selbst eines, das hier nicht aufgeführt ist. Es geht nicht primär um die SEO-Tools, sondern einzig und alleine darum, die WordPress-Seite zu optimieren.

Zuerst sollte eine Anfangsanalyse der Webseite gemacht werden. Dazu habe ich einige Tools zusammengestellt, die dabei behilflich sein sollen.

2.2.1 Tools zur Analyse von Webseiten

ASEOPS von Acebit (kostenpflichtig, kann aber 30 Tage getestet werden, *http://acebit.de*)

Internet Business Promoter (kostenpflichtig, 30-Tage Geld-zurück-Garantie, *www.internetpromoter.de*)

Seorch (*http://seorch.de*, kostenlose Analyse, weitere Dienste sind aber kostenpflichtig)

Google Search Console (*www.google.de*, Anmeldung erforderlich)

Bing Webmaster Tools (*www.bing.de*, Anmeldung erforderlich)

Yandex (*https://www.yandex.com*, das russische Google, Anmeldung erforderlich)

SISTRIX (*http://smart.sistrix.de*, Anmeldung erforderlich)

Alexa (*www.alexa.com/siteinfo/free-pagerank-checker.com*, Anmeldung erforderlich)

SEO-Analyse (*www.keyword-position.de*)

OnPage.org – in Verbindung mit Yoast (*https://de.onpage.org*)

How good is your Website (*https://website.grader.com/results/yogastuff.de*)

Empfehlenswert ist das sehr gute Plug-In Jetpack für WordPress, das viele weitere nützliche Funktionen, wie z. B. das Teilen neuer Inhalte und neuer Produkte, mitbringt.

HINWEIS:

Schauen Sie sich die genannten Tools bitte an. Sie brauchen meinen Empfehlungen nicht Folge zu leisten, wichtig ist nur, dass Sie SEO-Tools verwenden, die Ihnen weiterhelfen. Da die Auswahl groß ist und nicht alle Tools kostenpflichtig sind, wird man sehr leicht fündig.

Für Analyse und Fehlerbehebung

Alexa

- Browserplattform
- Sehr sinnvoll, um das Alter einer Webseite festzulegen
- Kosten: kostenlos
- Anmeldung: *http://www.alexa.com*
- Fazit: gutes Tool

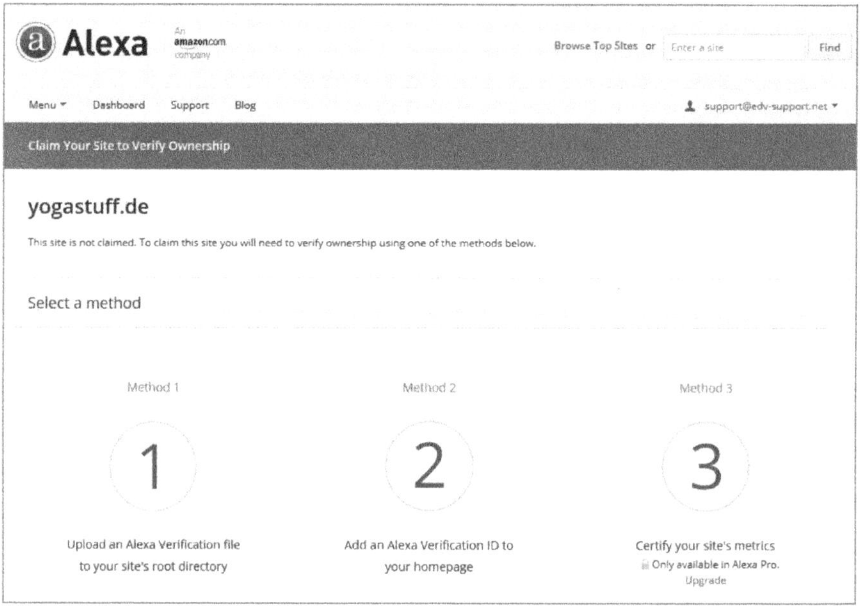

Bild 2.1: Alexa Ranking Tool

SEO-Tool SISTRIX

- Browserplattform
- Kosten: Eine Domain ist kostenlos.
- Anmeldung: *http://smart.sistrix.com* (kostenlose Analyse, Upgrade möglich)
- Fazit: gutes Tool, aber besser in Verbindung mit anderen SEO-Tools verwenden

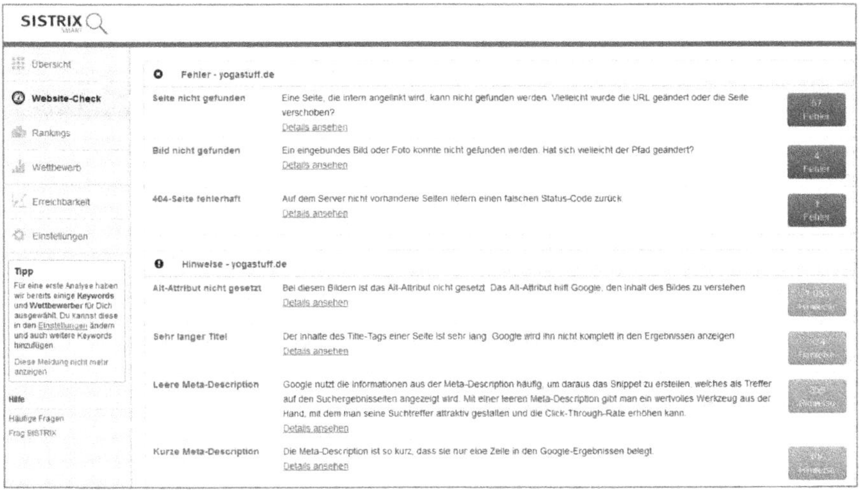

Bild 2.2: SISTRIX

Seorch

- Browserplattform
- Kostenlose SEO-Analyse
- *http://seorch.de*
- Account kann erweitert werden.

Software für Rankinganalyse und sehr genaue Auswertungen in Echtzeit u.v.m.

- ASEOPS von Acebit (*www.aseops.com/DE*)
- Software zur Installation
- Kosten: derzeit 348 € (Achten Sie auf Sonderangebote!)
- Fazit: unglaublich gut

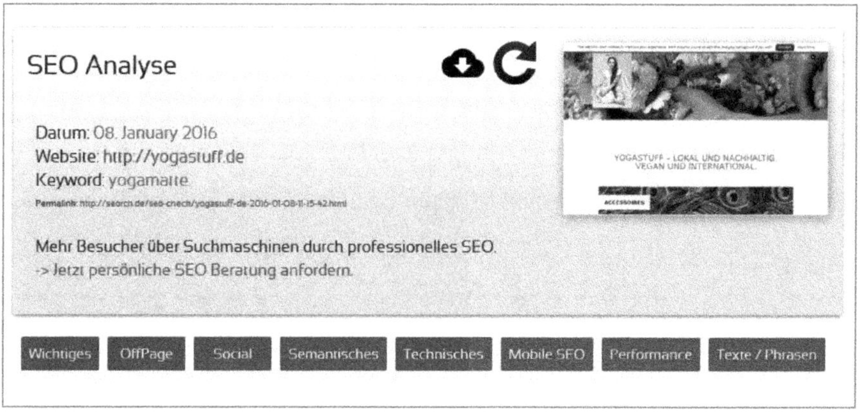

Bild 2.3: SEORCH Ranking-Tool

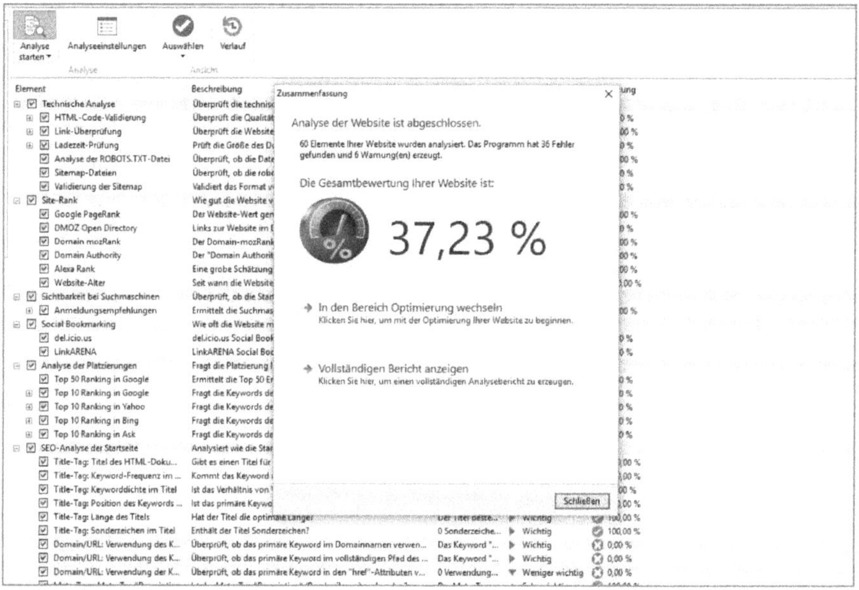

Bild 2.4: ASEOPS-Software mit Prozent-Analyse

Internet Business Promoter (IBP)

● Axandra GmbH

- Kosten: 399 €
- *www.ibusinesspromoter.de*
- Fazit: bestes Tool seiner Art
- 30-Tage-Test mit Geld-zurück-Garantie

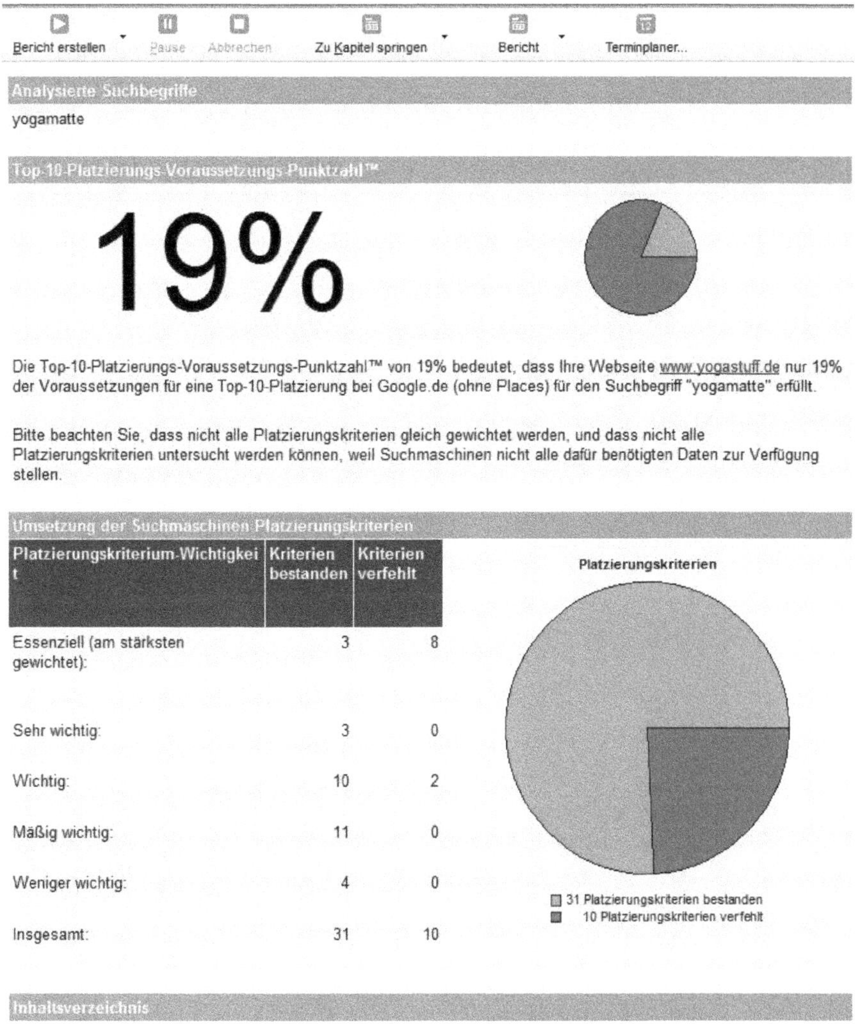

Bild 2.5: Internet Business Promoter bei der Arbeit

How good is your Website (Website Grader *https://website.grader.com*)

- Eine ganz neue Webseite, die Ihre Seite scannt und alle wichtigen Ergebnisse anzeigt.
- Kosten: keine
- Fazit: einfach zu bedienen und sehr gut

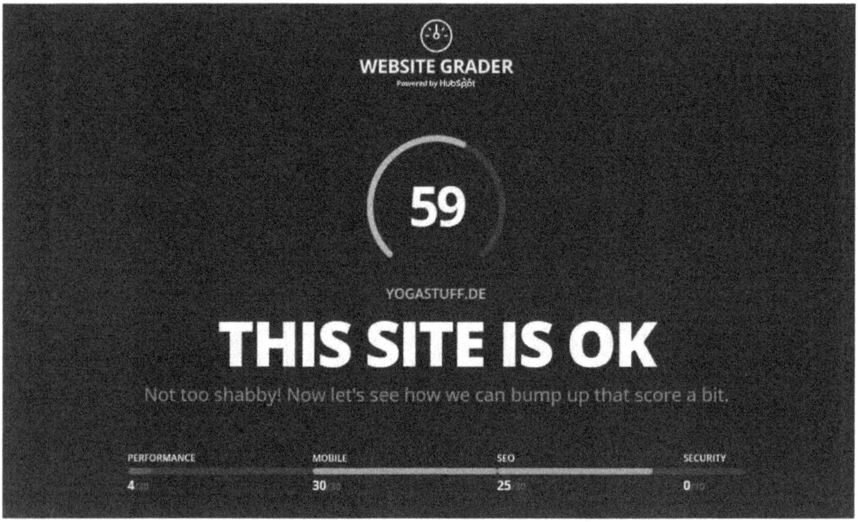

Bild 2.6: Analyse mit Website Grader

Die SEO Webmastertools der Suchmaschinen (*http://google.de,* ist Teil eines Google-Accounts)

- Google Analytics
- Bing Webmaster Tools

Ein unabdingbares Tool ist Google Analytics und die Google Search Console. Um Google Analytics verwenden zu können, benötigen Sie ein Google-Konto. Das gilt auch für die Search Console und wenn Sie schon dabei sind, dann legen Sie bitte gleich einen Google+-Account an. Sie können anschließend alles über dieses eine Konto steuern und bearbeiten.

Yoast ist ein sehr gutes SEO-Plug-In für WordPress. Es bedarf allerdings einiger Arbeit, bis es vollständig und richtig konfiguriert ist. In Verbindung mit dem Plug-

In *Google Analytics Dashboard für WP* wird eine Analyse der Seite aber zum Kinderspiel.

In Yoast lassen sich die Webmaster Tools von Google, Bing usw. leicht einbinden. Außerdem wird eine Schnittstelle zu Google Webmaster Tools und zur Google Search Console bereitgestellt.

Plug-Ins:

- Yoast für die Verifizierung der Webmaster Tools von Bing, Yandex und Alexa
- Google Analytics Dashboard für WP

HINWEIS:

Yoast ist zwar ein Tool mit vielen guten Funktionen. Leider ist es jedoch nicht kompatibel mit den Plug-Ins Add Meta Tags, Google XML-Sitemaps und Better WordPress Google XML Sitemaps.

Um Google Analytics einzubinden, gehen Sie bitte wie folgt vor:

1. Eröffnen Sie auf alle Fälle jeweils einen Account bei Google und Bing.
2. Eröffnen Sie im nächsten Schritt Accounts bei Alexa und Yandex (Google, Bind, Alex und Yandex werden alle von Yoast unterstützt; das Anlegen der Accounts geht schnell und ist kostenlos).
3. Klicken Sie auf den Menüpunkt *Unternehmen* auf der linken unteren Seite.
4. Klicken Sie anschließend im neuen Fenster auf *Website-Optimierung/Weitere Informationen.*
5. Klicken Sie oben auf *Anmelden.*
6. Jetzt sind Sie in Google Analytics. Legen Sie dort Ihre Seite mit allen Informationen an.
7. Gehen Sie bei Bing, Yandex und Alexa ähnlich vor. Die Prozeduren unterscheiden sich, wichtig für uns ist eine erfolgreiche Anmeldung.
8. Installieren Sie Yoast und Google Analytics Dashboard für WP über das Menü *Plug-Ins/Installieren.* Suchen Sie mithilfe der Suchfunktion nach den Plug-Ins und drücken Sie auf *Installieren.* Aktivieren bitte nicht vergessen! Beide Plug-Ins erhalten Sie kostenfrei auf der Webseite *https://de.WordPress.org/plugins.*

9 Wenn Sie beide Plug-Ins installiert haben, sehen Sie auf der linken Seite einen Eintrag *SEO* und einen Eintrag *Google Analytics Dashboard*.

Das Jetpack-Plug-In

Welche Vorteile hat die Installation des Jetpack-Plug-Ins? Jetpack von WordPress bringt die WordPress-Seite auf Vordermann. Viele Funktionen, die man von WordPress gewohnt sind, werden in diesem Plug-In vereint. Durch den Einsatz von Jetpack ist es einfach, Twitter-Nachrichten auf der Seite darzustellen oder die URLs der Blogbeiträge zu kürzen. In Jetpack ist die geballte Power von WordPress vereint.

Eine erweiterte Rechtschreibprüfung, die sogar den Schreibstil und die Grammatik prüft, ist ebenfalls Bestandteil von Jetpack.

Blogs, die öfter eingebettete Inhalte von YouTube und Co. darstellen, bekommen von Jetpack Unterstützung, die Beiträge noch einfacher und noch schneller einzubinden. Im Handumdrehen sind auch Videos in den eigenen Beitrag eingebunden.

Fazit: ein Muss

Preis: kostenlos

Bild 2.7: Jetpack-Plug-In mit Einstellungsmöglichkeiten

Keywords Recherche Position im Google-Ranking

Um bestmöglich optimieren zu können, sollte die Ausgangsposition der Webseite bestimmt werden. Bei neuen Webseiten ist das genauso wichtig wie bei bestehenden Webseiten, die noch optimiert werden sollen. Dieses Werkzeug schafft einen

Überblick über die aktuelle Rankingposition der Webseite mit einem bestimmten Keyword.

Hier der Link dazu:

www.keyword-position.de/seo-tool.HTML

Geben Sie bei *Domain* Ihren Domainnamen ein und wählen Sie die Suchmaschine Ihrer Wahl aus. Lassen Sie die Keywords entweder durch diese Webseite auslesen oder geben Sie sie von Hand ein. Drücken Sie danach auf *jetzt testen.*

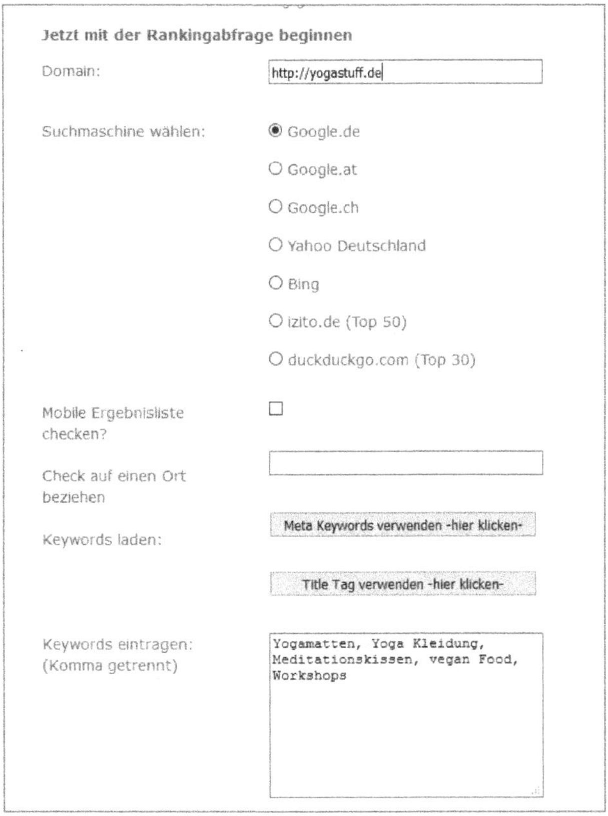

Bild 2.8: Eingabe der Domain und der Keywords

Das Ergebnis wird Ihnen nach wenigen Minuten angezeigt. Notieren Sie sich die Zahl oder drucken Sie sie aus, damit Sie die Werte später vergleichen können.

Die Ergebnisse für deine Keywords

Keywords	Platzierungen	Empfehlung
Yogamatten		
Yoga Kleidung	www.google.de: 60	Position verbessern
Meditationskissen	www.google.de: 86	Position verbessern
vegan Food	www.google.de: -	Position verbessern
Workshops		

Bild 2.9: Ergebnisse und Position der Webseite mit einem Keyword

Empfehlenswert ist eine Vorher-Analyse und Prüfung der Ausgangsituation der Beispiel-Webseiten, um die Optimierung später überprüfen zu können.

Wie lassen sich Optimierungen an der Webseite eigentlich nachprüfen und woher wissen Sie, ob Sie auf dem richtigen Weg sind? Prüfen und messen Sie Verbesserungen an der SEO sofort nach. Anhand der Bewertung bei den Suchmaschinen erkennen Sie den Erfolg.

TIPP!

Messen Sie Ihre Webseite vor und nach den Veränderungen mit einem SEO-Tool. Sie erhalten damit ein objektives Bild der SEO-Qualität.

TIPP!

Erledigen Sie zuerst die einfachen Eingriffe und erst am Schluss die aufwendigen Schritte der Optimierung. Lassen Sie sich von den vorgeschlagenen Werkzeugen und Maßnahmen nicht zu sehr nötigen. Sie sollen lediglich die Möglichkeiten aufzeigen. In der Praxis reicht es oft vollkommen aus, nur ein Tool für die Optimierung zu verwenden, und das kann auch eines der kostenlosen Tools sein. Wenn Sie etwa nur eine Domain testen wollen, dann eignen sich SISTRIX oder Google Analytics.

Getestet wurden die Beispiel-Webseiten vor der eigentlichen Optimierung mit den Tools ASEOPS, IBP, Alexa und einem Ranking-Tool auf der Webseite *www.keyword-position.de.*

Vor der Optimierung der beiden Webseiten wurden die Seiten *http://seo.redrice.biz* und *http://yogastuff.de* bewertet. Die Webseite *seo.redrice.biz* lieferte folgende Werte:

- ASEOPS 38,98 %
- IBP 0 %
- Alexa Domain und Subdomain waren nicht messbar.
- SEO-Tool brachte keine Ergebnisse – kein Ranking mit dem Keyword „Yoga“

www.keyword-position.de

Die Messung der Webseite *www.yogastuff.de* brachte folgende Ergebnisse:

- ASEOPS 37,35 %
- IBP 38 %
- Alexa Platz 3 935 736
- SEO-Tool brachte keine Ergebnisse – kein Ranking mit dem Keyword „Yoga“

www.keyword-position.de

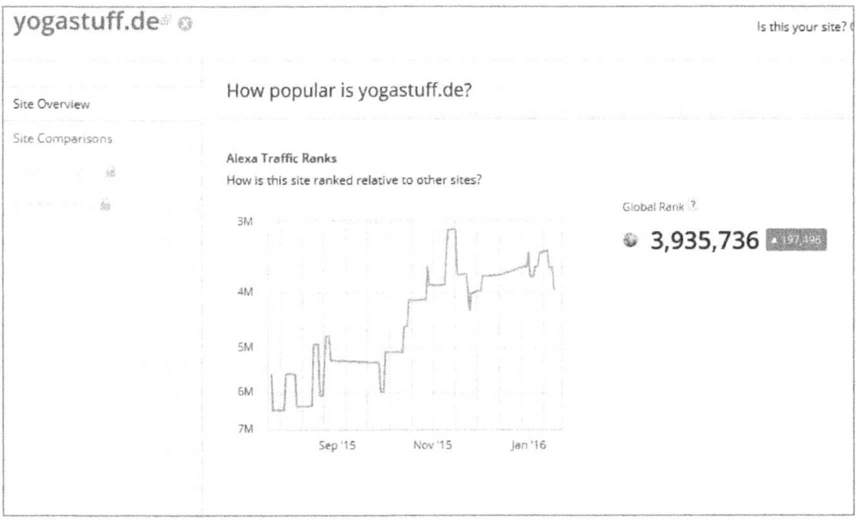

Bild 2.10: Alexa Pagerank – welche Position hat die Webseite global?

Zusammenfassung der Messungen:

- Mit den beiden Tools ASEOPS und IBP habe ich die Gesamtbewertung der Seiten ausgewertet und in Form einer ungefähren Prozentzahl erhalten.
- Mit Alexa lässt sich die aktuelle Position der Seite bestimmen und nach der Optimierung vergleichen.
- Die Qualität der Keywords ist in Ordnung.

Die Ausgangsituation dient uns nun als Referenz für unsere Optimierungen.

2.3 Backlinkstrategie

Backlinks sind Hyperlinks zwischen einer Webseite bzw. von einer externen Seite zu Ihrer Webseite. Gute Backlinks sind ein wichtiger Bestandteil einer optimierten Webseite. Es stellt sich natürlich die Frage, was gute Backlinks sind. Google beispielsweise bewertet einen Backlink nach der Qualität der Backlink-Webseite. Je wertvoller der Link, desto besser wird Ihre Seite bewertet. Sind auf der Webseite allerdings viele qualitativ schlechte Backlinks, wird die Seite abgewertet. Das dient zum Schutz vor SPAM-Links und schützt die braven Webseitenbetreiber bei der Bewertung echter und guter Backlinks zu anderen Webseiten.

Sobald die Seite erstellt und zum Optimieren bereit ist, also der erste Content vorhanden ist, sollten Sie eine Grundbasis an Backlinks setzen.

Backlinks über Webverzeichnisse generieren

Wichtig beim Umgang mit Webverzeichnissen ist, dass die Webverzeichnisse etabliert und bereits lange auf dem Markt sind.

Die Anmeldung der Webseite ist sinnvoll, weil die Backlinks qualitativ wertvoll sind. Die Verzeichnisse listen Ihre Seite relativ schnell und Sie bekommen dadurch schneller wertvolle Links.

Diese Verzeichnis-Strategie ist nicht die schlechteste. Tools wie IBP unterstützen diese Art der Optimierung und bieten ein Anmeldeverfahren an. Diese Software hilft Ihnen sogar beim Eintragen in die Kataloge und Verzeichnisse.

Bei den Einträgen in die Webverzeichnisse sollten Sie darauf achten, dass die Beschreibungstexte leicht abgewandelt und unterschiedlich lang sind. Schreiben Sie dazu sechs verschieden lange Beschreibungstexte und ändern Sie sie je nach Webverzeichnis um.

Zum Beispiel:

- Yoga ist der ultimative Sport für Geist und Körper
- Yoga in München ist eine gute Freizeitidee
- Während andere denken, übe ich Yoga mitten in München
- Yoga, Kids und Familie ist kein Widerspruch
- Ob groß oder klein, Yoga üben, das ist fein
- Die Rückkehr der Yoga-Ritter in München

Vorgehensweise:

Tragen Sie Ihre Webseiten in Kataloge und Verzeichnisse ein. Das ist einfach und kostenlos. Die Maßnahme steigert die Anzahl der Backlinks. Folgende Kataloge können Sie verwenden:

Kataloge und Verzeichnisse:

www.hotfrog.de
www.pixel-partisan.de
www.axxus.de
www.allesklar.de
www.bing.de
www.finde-einen-partner.eu
www.cyber-content.de
www.fireball.de
www.google.de
www.witch.de
www.semager.de
www.suchnase.de
www.die-kraehe.de
www.123-finder.de
www.suchefix.de
link-katalog.com
www.mazpat.de

HINWEIS:

Die Indexierung der Webseite dauert ein paar Tage. Messen Sie Ihre Seite nach drei oder vier Tagen erneut.

Prüfen Sie täglich, ob Ihre Webseite bereits von Google indexiert wurde. Sobald die Seite bei Google indexiert wurde und anhand der ersten Keywords auf den hinteren Rängen gefunden wird, kommen Backlinks von High-Quality-Domains bzw. Domains, die entweder einen hohen PageRank haben oder sehr alt sind (oder beides) hinzu. Suchen Sie über Google nach Blogs, die Dofollow-Kommentare erlauben.

Dofollow-Kommentare:

Zur Steigerung der Platzierung in allgemeinen Suchmaschinen helfen Backlinks von Webseiten, die auf das Link-Attribut Nofollow (engl. no = nicht, engl. follow = folgen) verzichten. Diese Backlinks werden mit dem Begriff Dofollow (engl. do = führe aus, engl. follow = folgen) bezeichnet. Die direkte Methode gilt als veraltet. SEO-Tools messen trotzdem die Art und Menge der Backlinks, die Nofollow- und Follow-Attribute in den Links haben.

Google öffnen und folgenden Suchbegriff eingeben:

Blogs mit Dofollow-Kommentaren.

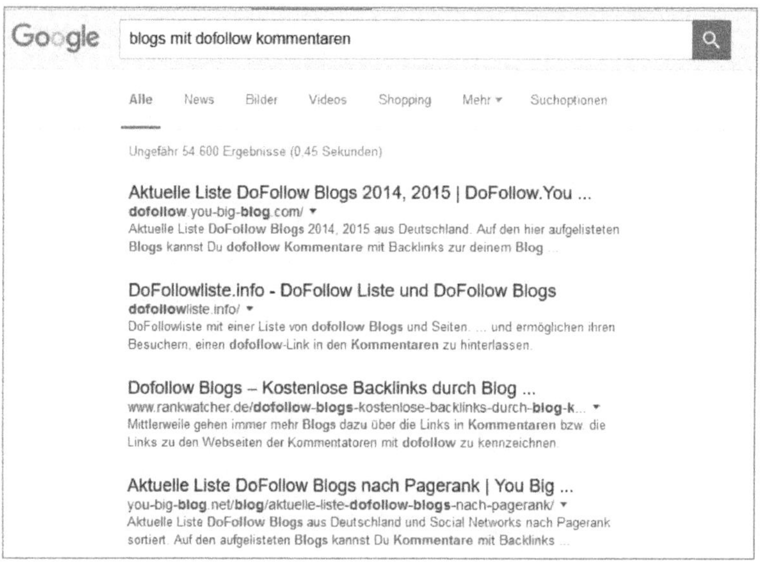

Bild 2.11: Blogsuche mit Dofollow-Kommentaren in Google

Allerdings sollten Sie hier vorsichtig sein. Sie sollten selbst einen Blog Ihrer Wahl suchen und verwenden.

Damit Sie hinterher die Wirkung Ihrer SEO messen können, müssen Sie nicht unbedingt in themenaffinen Blogs posten. Falls Sie einen Kommentar hinterlassen, muss er sehr gut sein, um freigeschaltet zu werden.

Als Namen verwenden Sie am besten Ihren normalen Namen bzw. den Autoren-Namen Ihrer Website z. B. *Webmaster Redrice*. Vermeiden Sie ein Schlüsselwort (Keyword) als Namen.

Notieren Sie alle URLs sowie die Namen der Webseiten, auf denen Sie einen Kommentar hinterlassen haben, und achten Sie vor dem Verfassen der Kommentare darauf, dass Kommentare immer von verschiedenen Domains kommen sollten und freigeschaltet werden müssen, um wirksam für die SEO zu sein.

Sie haben ein paar Möglichkeiten gesehen, wie Sie kostengünstig und legal gute Backlinks erzeugen können. Warten Sie ruhig einige Tage ab.

Tools

- IBP (Internet Business Promoter) bietet sogar eine automatische Eintragung in Kataloge an (*www.internetpromoter.de* – kostenpflichtig)
- Majestic (*https://de.majestic.com*)
- Mithilfe der weltweit größten Link-Intelligence-Datenbank können Sie für alle Websites im Internet herausfinden, wie diese miteinander verknüpft sind.

AUSWIRKUNG, AUFWAND UND GEWICHTUNG	
SEO-Gewichtung	sehr wichtig
Umsetzung in WordPress	mittel bis aufwendig
Messbarkeit	sofort

2.4 SEO-optimiertes Theme für WordPress?

Plug-Ins:

- Yoast SEO
- SEOPressor (kostenpflichtig)

Um was geht es? Sie wollen Ihre Site, Ihren Blog, Ihre Webseite bekannt machen. Bekannt machen bedeutet, Suchmaschinen sollen Ihren Auftritt finden und anzeigen. Dazu sind SEO-Maßnahmen erforderlich.

WordPress als solches liegt bereits in einer optimierten Form vor. Auch wenn die Seite zunächst inhaltlich leer ist, sind die Strukturen einer WordPress-Seite architektonisch für eine SEO optimiert. Ja, man spricht von einer SEO-freundlichen Architektur, wenn Inhaltsblöcke wie Navigation, Body und Footer für Suchmaschinen interpretierbar sind. Die Crawler der Suchmaschinen haben strukturbedingt kein Problem, die Kategorien und Artikel in WordPress zu finden und zu indexieren. So gesehen muss an WordPress selbst nicht mehr viel getan werden, außer es zu füllen und anzupassen. Dennoch gibt es am Markt auch spezielle SEO-Themes. Sie unterscheiden sich nur minimal von der Standard-WordPress-Installation, bringen aber zumeist SEO-Plug-Ins mit. Damit verbessern Sie die Onpage-Optimierung der Seite bzw. des Blogs.

Worauf sollte man bei einem Theme für SEO achten?

Nicht nur für Suchmaschinen, sondern auch für die Leser eines Blogs ist eine einfache optische Struktur von Vorteil. Die meisten SEO-Themes achten von vornherein darauf, dass der Content im Fokus steht. Das ist natürlich nicht der Fall, wenn es sich bei der WordPress-Seite um einen Shop handelt. Dann stehen die Artikel und das Handling des Shops im Vordergrund. Die Optimierung eines Shops unterscheidet sich nicht von einer Seiten-Optimierung, nur dass für jeden einzelnen Artikel eine eigene SEO gemacht werden sollte. Die Konkurrenz schläft nämlich nicht. Gibt es SEO-optimierte Shop-Themes? Jein! Strukturell ja, inhaltlich natürlich nicht. Das Plug-In Yoast hilft Ihnen dabei.

Wichtig ist die richtige Syntax beim Aufbau der Artikel. Da sind ausschließlich Sie gefragt, außer Sie haben einen Autor, der das für Sie übernimmt.

Syntaktisch richtig aufgebaute Artikel haben:

- eine Überschrift
- mehrere Paragraphen
- weitere Überschriften im Content als <h2> Überschrift
- <h1> für die Hauptüberschrift
- <h2> für die Zwischenüberschriften
- <h2> für Artikelüberschriften

Ein weiterer wichtiger Punkt ist der geschriebene Text der Artikel. Wenn die Webseite eine sehr textlastige Seite ist, sollten Sie einige Energie für die richtige Formulierung der Texte aufbringen. Es ist allerdings nicht leicht, Artikel suchmaschinenoptimiert zu schreiben. SEO-Themes können einen dabei durch Plug-Ins unterstützen. Ein interessantes WordPress-Plug-In dafür ist SEOPressor. Es zeigt beim Schreiben eines Artikels farblich an, ob man schon passend ausgezeichnete

Überschriften im Artikel verwendet und ob man den Begriff, dessentwegen man den Artikel schreibt (SEO Keyword), im Artikel auch häufig genug verwendet. Für meinen Geschmack geht das schon ein bisschen weit, da man dann Gefahr läuft, dass man die Artikel des Blogs für Suchmaschinen und nicht für Menschen schreibt. Aber es ist sicherlich für manche hilfreich.

TIPP: SEO BEI MEHRSEITIGEN ARTIKELN

An alle Autoren, die seitenübergreifend schreiben: Das Aufteilen langer Artikel auf mehrere Seiten ist wichtig, damit die Suchmaschinen-Crawler wissen, wo es weitergeht. WordPress bringt standardmäßig eine Funktion für eine Seiten-Paginierung mit. Beim Artikelschreiben verwendet man dafür den Code

```
<!--nextpage-->
```

Google bewertet die Seite auch nach einer sogenannten `Bounce-Rate`, auf Deutsch `Absprungrate`. Je länger die Besucher auf der Webseite bleiben, desto besser das Ranking der Seite. Bei längeren Blogs soll der Besucher auf die nächste Seite blättern und auf der Seite bleiben. Deswegen ist eine suchmaschinenfreundliche Paginierung (Seitennavigation) wichtig.

AUSWIRKUNG, AUFWAND UND GEWICHTUNG	
SEO-Gewichtung	wichtig
Umsetzung in WordPress	leicht
Messbarkeit	sofort

2.5 Wie eine schöne Webseite die SEO verbessert

Machen Sie Ihre Website schön und knackig, damit die Seite auf modernen Displays super aussieht. Durch das Erstellen und Anzeigen von Netzhautbildern, sogenannten Retina Images, wirken die Bilder auf Ihrer Seite schön. Qualitativ gute Retina-Bilder steigern die Bewertung durch die Suchmaschinen, weil es sehr wahrscheinlich ist, dass die Besucherzahlen steigen. Steigende Besucher sind ein unschätzbarer Rankingfaktor.

Folgendes Plug-In bietet sich dafür an: WP Retina 2x

2.6 Schadet doppelter Content (Duplicate Content)?

Duplicate Content (engl. für „doppelter Inhalt"), oft auch als „DC" abgekürzt, ist das Vorhandensein von identischen Inhalten (Content) auf einer oder mehreren Websites. Man unterscheidet zwischen internem Duplicate Content und externem Duplicate Content.

Interner Duplicate Content kann schon alleine dadurch entstehen, dass ein und derselbe Inhalt auf der eigenen Website unter mehreren URLs aufrufbar ist.

Beispiel:

http://yogastuff.de/produkt/ahimsa-pullover
http://yogastuff.de/produkte/ahimsa-pullover

Achtung:

Beide URLs zeigen auf denselben Artikel. Das ist doppelter Content.

Externer Duplicate Content kann auftreten, wenn eine Website in mehreren Sprachversionen verfügbar ist, jedoch mit mehr als einer Sprachversion auf dem gleichen Suchmarkt (z. B. google.de) in den Suchergebnissen auftaucht.

Beispiel:

http://yogastuff.de/produkt/ahimsa-pullover
http://yogastuff.de/en/produkt/ahimsa-pullover (wenn die Seite auch auf Deutsch ist)

Anscheinend ist auch dies doppelter Content. Es empfiehlt sich, es jedoch zuerst zu testen. Auch Google-Aussagen müssen nicht immer richtig sein.

Interner und externer Duplicate Content

Es wird zwischen internem und externem Duplicate Content unterschieden. Interner Duplicate Content beschränkt sich auf die eigene Domain/einen Hostnamen, wohingegen externer Duplicate Content domainübergreifend, also unter zwei oder mehreren Domains, auftritt.

Beispiel interner Duplicate Content

Häufig haben z. B. Onlineshops mit internem Duplicate Content zu kämpfen. Hier ist es ein oft gesehener Fall, dass die Produkt-Detailseiten auch ohne zugehörige Kategorie- und/oder Produktseite direkt aufrufbar sind:

http://yogastuff.de/produkt/ahimsa-pullover
http://yogastuff.de/ahimsa-pullover

Oft werden diese Inhalte dann von Suchmaschinen indexiert, da z. B. von extern auf beide URLs verlinkt wurde. Inkonsistente bzw. eine nicht einheitliche interne Verlinkung ist ebenfalls ein Grund dafür.

Was Duplicate Content nicht ist

Liegt ein Inhalt in mehreren Sprachversionen vor, z. B. in deutscher und englischer Sprache, so wird dies nicht als Duplicate Content gewertet. Auch Zitate oder zitierte Textpassagen werden nicht als Duplicate Content identifiziert.

Bei der Zitierung von Inhalten sollte auf die korrekte semantische Auszeichnung im Quelltext geachtet werden:

<blockquote>Hier steht der zitierte Text – <cite>Hier steht der Name des zitierten Autors oder der Quelle</cite></blockquote>

Warum stellt Duplicate Content ein Problem dar?

Aus Sicht von Google kommt Duplicate Content einem Betrugsversuch gleich, zudem behindert er Google in dem Bestreben, das bestmögliche Ergebnis für den User zu finden.

Originalantwort von Google:

Google ist sehr darum bemüht, Seiten mit unterschiedlichen Informationen zu indizieren und anzuzeigen. […] Gelegentlich wird Content jedoch bewusst auf verschiedenen Domains dupliziert mit der Absicht, das Ranking bei Suchmaschinen zu beeinflussen oder mehr Zugriffe auf sich zu ziehen. Derart unfaire Verhaltensweisen können zu einer negativen Nutzererfahrung führen, da den Besuchern im Grunde derselbe Content in einer Reihe von Suchergebnissen angezeigt wird.

Aus diesen Gründen kann das Vorhandensein von Duplicate Content zu einer Abstrafung durch Google führen und sollte von Webmastern ernst genommen werden.

Duplicate Content führt zwar nicht immer zu einer Abstrafung durch Google, jedoch könnte ein andauerndes Duplicate-Content-Problem der Website nachhaltig schaden, weil es z. B. nach einer Zeit zu einer Abstrafung kommen könnte oder Indexierungsprobleme auftreten. Des Weiteren könnte Duplicate Content u. a. für Schwankungen in den SERPs (Suchergebnisseiten), also den Rankings, verantwortlich sein, da es für Google nicht klar ersichtlich ist, welche Seite den relevantesten Inhalt für die gestellte Suchanfrage bietet, und so munter die Ziel-URLs wechselt.

Google versucht Duplicate-Content-Probleme selbst zu lösen

Google versucht bei einem bestehenden Duplicate-Content-Problem selbst zu identifizieren, welcher Inhalt am relevantesten für die vom User gestellte Suchanfrage ist, und gibt dieses Ergebnis in den SERPs (Search Engine Result Pages) aus. Bei der vorangegangenen Indexierung der Inhalte versucht Google ebenfalls die bestmögliche Version (URL) der doppelten Inhalte zu identifizieren und indexiert nur diese – sofern dies gelingt.

Sind die Rankings und der Traffic einer Website trotz eines bestehenden Duplicate-Content-Problems und eventuell schwankenden indexierten Seitenzahlen konstant, ist das Duplicate-Content-Problem für die Performance der Website erst einmal nicht weiter schlimm.

AUSWIRKUNG, AUFWAND UND GEWICHTUNG	
SEO-Gewichtung	sehr wichtig
Umsetzung in WordPress	mittel
Messbarkeit	sofort

2.7 Warum und wie SPAM vermeiden

SPAM ist eine nervige Sache. Vor allem in Kommentaren und Blogs kann sich SPAM einschleichen und oft Backlinks platzieren, die das Ranking Ihrer Webseite massiv abrutschen lassen. SPAM-Vermeidung ist daher eine wichtige Sache, und Sie sollten zur Vermeidung von SPAM ein Plug-In einsetzen.

Standard ist das vorinstallierte Askimet-Plug-In in WordPress. Es zählt bestimmt zu den besten Plug-Ins seiner Art, ist aber leider kostenpflichtig. Sie finden es in WordPress unter *Installierte Plug-Ins/Askimet*

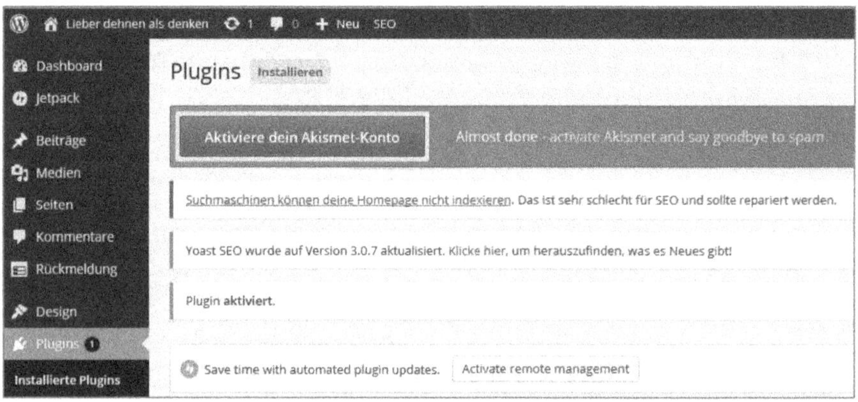

Bild 2.12: Antispam-Plug-In Askimet

Gibt es Alternativen? Leider nicht sehr viele. Folgende drei Plug-Ins helfen gegen SPAM:

- Defensio Anti-Spam (nicht mehr für alle WordPress-Versionen empfohlen (*https://de.WordPress.org/plugins*)
- SPAM Notifier (*https://de.WordPress.org/plugins*)
- Antispam Bee (*https://de.WordPress.org/plugins*)

Antispam Bee ist am leichtesten zu bedienen und kostenlos.

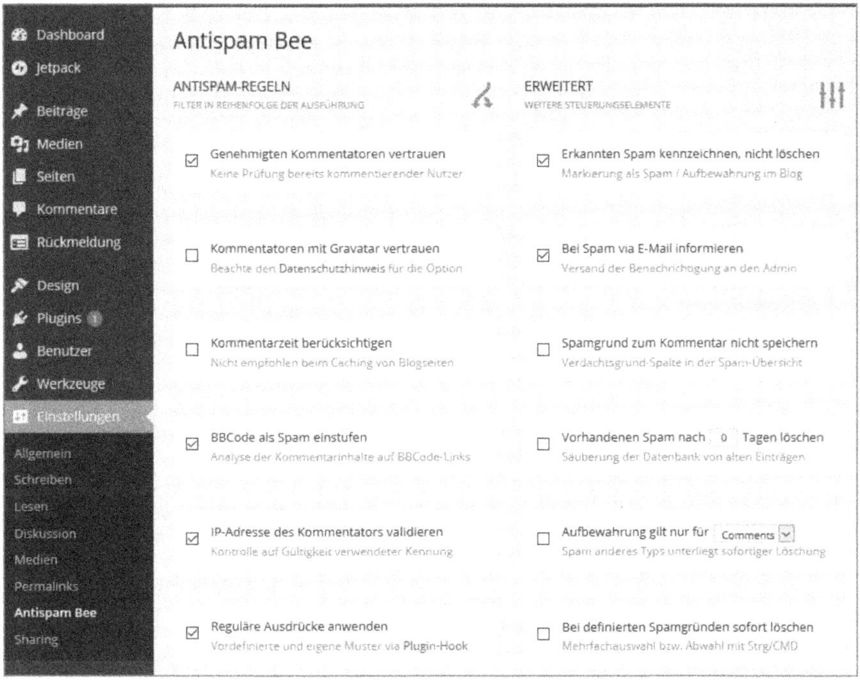

Bild 2.13: Antispam Bee Plug-In in WordPress

AUSWIRKUNG, AUFWAND UND GEWICHTUNG	
SEO-Gewichtung	sehr wichtig
Umsetzung in WordPress	mittel
Messbarkeit	kann eine Weile dauern, auf lange Sicht wichtig

2.8 Kann Google alle Seiten meines Internetauftritts indexieren?

Nichts ist schlimmer als eine Seite, die nicht indexierbar ist. Google und Co. müssen die Webseite indexieren können, sonst findet kein Ranking statt bzw. wird die Seite schlecht bewertet. Wie überprüfen Sie, ob Ihre Seite indexiert wird? Mit dem Plug-In Yoast SEO lässt sich die Indexierung der Seite prüfen. Falls die Seite nicht indexierbar ist, erscheint außerdem am oberen Rand ein Hinweis darauf.

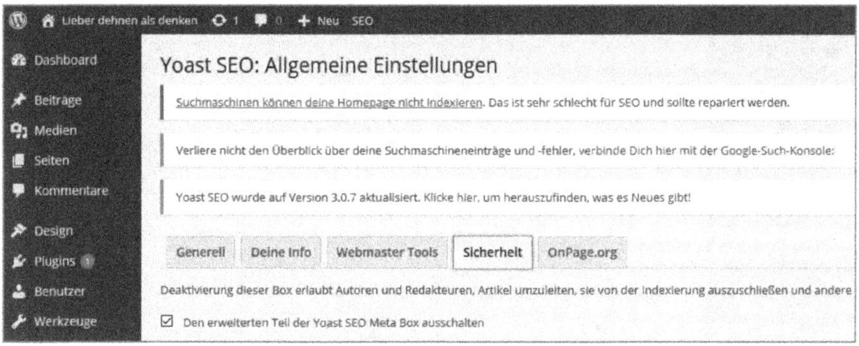

Bild 2.14: Hinweis „Suchmaschinen können deine Homepage nicht indexieren" mit Yoast SEO

Folgt man dem oberen Link, wird auf die Yoast SEO-Webseite weitergeleitet. Dort erwartet Sie ein sehr hilfreicher Text in Englisch:

Your site isn't indexable

If Yoast SEO reports your site as not indexable by search engines, this can be caused by several reasons. At the same time, it's an issue of the highest priority, assuming that you want your site to be in Google's index.

Our best advice is to use the „Analyze entire site" button, create an account on OnPage.org and see what they have to tell you. It could be that you have a robots.txt file that's blocking indexation, it could be that your theme has some code in it that's blocking search engines, etc. etc. OnPage.org can tell you what the problem is and how to fix it!

Gründe für das Problem können also sein:

fehlerhafte Einträge in der *robots.txt*
Die Datei robots.txt kann entweder selbst angelegt werden oder mittels eines Plug-Ins (WP Robots – *https://de.WordPress.org/plugins)* hinzugefügt werden.

sogar fehlerhafte Einträge in der .htaccess-Datei
Die Datei *.htaccess* ist Teil einer Standardinstallation von WordPress und wird automatisch in das Wurzelverzeichnis gelegt.

Zugriffsrechte auf das Root-Verzeichnis stimmen nicht, dann würde aber allerdings auch die Seite in weiten Teilen nicht funktionieren.

Irgendetwas anderes blockiert die Webseite.

Yoast SEO empfiehlt seinen Benutzern einen Account bei OnPage.org anzulegen. Dazu rate ich Ihnen auch. Der Account ist in seiner Grundausstattung kostenlos und eine bestimmte Zeitlang verwendbar. Versuchen Sie anhand dieses Tools herauszufinden, warum die Seite nicht indexierbar ist.

2.9 Das Title-Element (title-Tag)

Der Webseiten-Titel (*title*-Tag) ist einer der wichtigsten Ranking-Faktoren, wenn es um die Onpage-Optimierung einer Website geht. Gemeinsam mit der Meta-Description steigert ein aussagekräftiger und gut formulierter Titel einer WordPress-Seite die Ergebnisse der Suche.

Das Title-Element findet man in WordPress an folgenden Stellen und es kann dort auch direkt bearbeitet werden:

- In der Titelzeile des Web-Browsers im Anzeigefenster.
- Im Tab, in dem der Web-Browser angezeigt wird.
- Im Web-Browser beim Setzen von Bookmarks
- Im Web-Browser in der Ansicht der besuchten Seiten
- In Suchmaschinen als Seitentitel in den Suchergebnisseiten

Ein guter Titel sollte aus nicht mehr als 55 Zeichen bestehen und das *Keyword* (Schlüsselwort) an erster Stelle haben.

Beispiel:

```
Yoga ist eine indische philosophische Lehre, die geistige und
körperliche Übungen verwendet.
```

Text als HTML-Quellcode:

```
<title>Yoga ist eine indische philosophische Lehre, die geistige und
körperliche Übungen verwendet. </title>
```

Da Keywords in den META-Angaben keine Rolle mehr spielen, sollte der Titel nicht verwendet werden, um dort Keywords aufzulisten. Verwenden Sie besser vollständige und sinnvolle Sätze mit inhaltlichem Bezug und einem im Titel integrierten Keyword wie z. B. *Yoga*. Jede Seite sollte ihren eigenen Titel verwenden.

Wenn mehrere Seiten den gleichen Titel verwenden, vergibt man die Möglichkeit, für unterschiedliche Keywords gute Website-Rankings zur erhalten. Hat die Domain beispielsweise mehrere Seiten zu dem Thema „Yoga", so sollten die einzelnen Seiten passend zum jeweiligen Inhalt einen individuellen Titel wie

Yogakurse für Kinder

Yoga – kaufen Sie vegan bei uns ein

Yoga für Senioren

Yoga – eine kurze Einführung

tragen.

Das ist bei WordPress aber ohnehin kein Problem, weil der Titel bzw. die Überschrift einer WordPress-Seite oder eines Beitrags immer auch der Titel der Seite ist. Die Seitentitel erscheinen im Übrigen auch in der Anzeige der Google-Suchergebnisse (*Search Engine Result Pages* oder *SERPS*).

Bild 2.15: Anzeige des Titel-Elements in den Suchabfragen (SERPS)

Umsetzung in der Praxis:

Auf der Test-Webseite seo.redrice.biz gebe ich unter *Einstellungen* meinen Titel mit dem Keyword „Yoga" und meinen Untertitel (ebenfalls mit Keyword) ein:

Yoga – Lieber dehnen als denken

Yoga für jung und alt

Bevor ich die Webseite speichere, analysiere ich sie kurz mit dem Tool IBP mit dem Suchbegriff „Yoga", um ein Vorher-Nachher-Ergebnis zu erhalten.

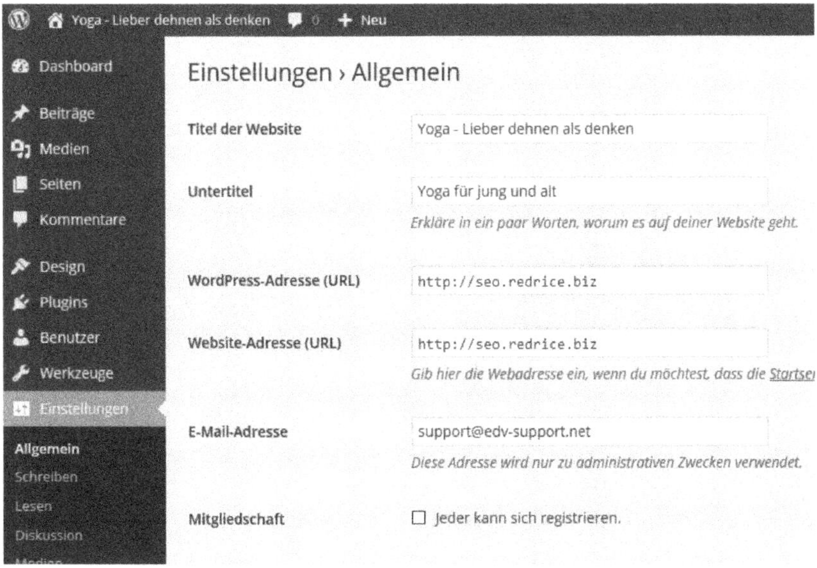

Bild 2.16: Einsetzen des Titels mit Keyword in WordPress

Vor dem Einsetzen des Keywords im Titel wirft mir das SEO-Tool folgendes Ergebnis aus:

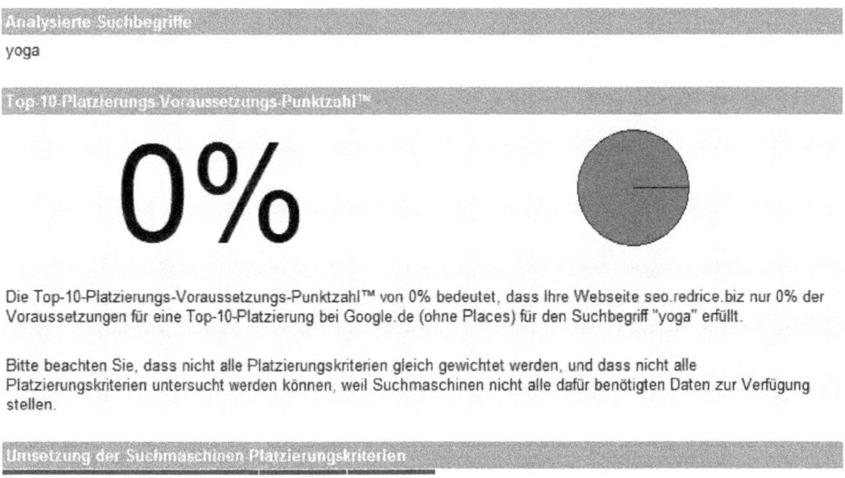

Bild 2.17: Ergebnis der Analyse ohne Keyword im Titel

Dann speichere ich die beiden Titel ab und lasse das Tool nochmals prüfen. In Haupt- und Untertitel ist jeweils das Keyword „Yoga“ enthalten.

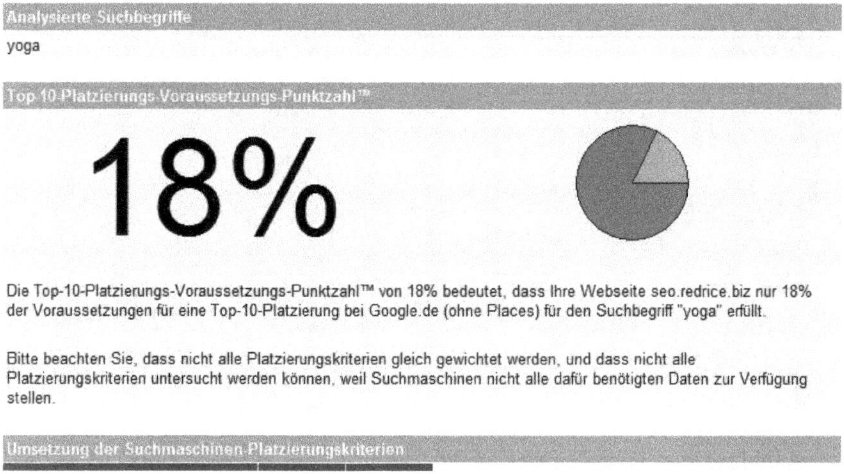

Bild 2.18: Ergebnis nach der Eingabe des Keywords im Titel

Tatsächlich ist im Quelltext der Seite der Titel richtig angegeben und führt spürbar zu einer erheblichen Verbesserung des Rankings.

```
<!DOCTYPE html>
<html lang="de-DE" class="no-js">
<head>
    <meta charset="UTF-8">
    <meta name="viewport" content="width=device-width, initial-scale=1">
    <link rel="profile" href="http://gmpg.org/xfn/11">
        <script>(function(html){html.className = html.className.replace(/\bno-js\b/
<title>Yoga &#8211; Lieber dehnen als denken &#8211; Yoga für jung und alt</title>
<link rel="alternate" type="application/rss+xml" title="Yoga - Lieber dehnen als de
<link rel="alternate" type="application/rss+xml" title="Yoga - Lieber dehnen als de
        <script type="text/javascript">
            window._wpemojiSettings = {"baseUrl":"http:\/\/s.w.org\/images\/core\/e
            !function(a,b,c){function d(a){var c,d=b.createElement("canvas"),e=d.ge
        </script>
```

Bild 2.19: Keyword im title-Element im Quelltext der Webseite

HINWEIS:

Testen Sie die Optimierungen bitte mit Ihren eigenen Tools. Die Ergebnisse in Prozent oder in Quoten können natürlich je nach Tool abweichen. Unbestritten (und das werden Sie erleben) ist eine spürbare Rankingverbesserung der Webseite.

AUSWIRKUNG, AUFWAND UND GEWICHTUNG	
SEO-Gewichtung	sehr wichtig
Umsetzung in WordPress	mittel
Messbarkeit	sofort

Eine ganz ähnliche, nahezu verwandte Optimierung ist das Verwenden von <h>-Tags auf der Webseite.

2.10 Korrekte Überschriften (<h>-Tags — title-Tags)

Überschriften sollten immer in einem <h>-Tag stehen. Warum ist das wichtig?

Das Standard-Template ist bereits voroptimiert. Um einen erweiterten Effekt zu erzielen, fügen wir ein paar Überschriften hinzu. Ganz einfach, indem wir in einem Beitrag folgende Sätze hinzufügen:

<h3>Yoga ist eine Mischung aus Meditation, indischen Lehren und körperlichen Übungen</h3>

<h3>Yoga ist eine spezielle Lehre</h3>

<h3>Yoga ist auch für Kinder geeignet</h3>

<h3>Yoga ist gut für die Gesundheit</h3>

Getestet mit den Tools

- Aseops
- IBP

brachte es folgende Ergebnisse:

vor der Optimierung	0 %
nach der Optimierung	18 %

AUSWIRKUNG, AUFWAND UND GEWICHTUNG	
SEO-Gewichtung	sehr wichtig
Umsetzung in WordPress	leicht
Messbarkeit	sofort messbar

2.11 Meta-Tags hinzufügen

Webmaster, die stets auf dem aktuellsten Stand sind, kümmern sich nicht mehr um Keywords in den Meta-Tags. Meta-Tags können prinzipiell in jeder Seite eingefügt werden und dienen dem BOT oder dem Crawler als erste Angaben zum Inhalt dieser Seite. Daher auch der Name *Meta*. Die Bezeichnung Meta steht für „über allen anderen angeordnet". Meta-Tags sind generell in der *index.php* einer Webseite vorgesehen. Google bezieht Keywords in den Tags nicht mehr in das Ranking mit ein, gleichwohl aber Keywords im Titel, und Google vernachlässigt auch die anderen Meta-Tags nicht. Sie erfahren im nächsten Abschnitt, welche die wichtigsten Meta-Tags sind und wie sie verwendet werden sollten.

TIPP: META-EINSTELLUNGEN FÜRS GOOGLE-RANKING

Auch wenn Keywords in den Meta-Einstellungen für das Google-Ranking nicht mehr wichtig sind, helfen Sie Ihnen bei der Arbeit. Sie sollten daher trotzdem welche eingeben.

Meta-Tags lassen sich in WordPress, wie auch bei vielen anderen Webseiten auf PHP-Basis, nicht ganz leicht ohne Plug-In einfügen. Die Hauptdatei einer WordPress-Seite ist die Datei index.php. Diese liegt im Wurzelverzeichnis der Seite. Was in dieser *index.php* an Angaben manuell noch möglich ist, macht bei vielen Seiten (z. B. bei einem Shop) wirklich keinen Spaß mehr. Verwenden Sie das Meta-Tag-Plug-In und Yoast SEO für das Keyword auf der jeweiligen Seite.

Die Meta-Tags, die durch das Plug-In Yoast SEO erzeugt wurden, bringen sehr moderne Einträge mit:

- canonical
- og:
- twitter:

Auf jeder einzelnen Seite und in jedem Beitrag sollten Sie folgende Meta-Tags setzen:

```
<meta name="description" content="Yoga für jung und alt"/>
<meta name="robots" content="noodp"/>
<link rel="canonical" href="http://seo.redrice.biz" />
<meta property="og:locale" content="de_DE" />
<meta property="og:type" content="website" />
<meta property="og:title" content=" Yoga - Lieber dehnen als denken - Kino für jung und alt" />
<meta property="og:description" content=" Yoga für jung und alt" />
<meta property="og:url" content="http://seo.redrice.biz" />
```

```
<meta property="og:site_name" content=" Yoga - Lieber dehnen als denken" />
<meta name="twitter:card" content="summary"/>
<meta name="twitter:description" content=" Yoga für jung und alt"/>
<meta name="twitter:title" content="Yoga - Lieber dehnen als denken - Yoga für jung und alt"/>
```

Titel

Der Titel ist sehr wichtig, denn er wird auf jeder Seite dargestellt und erscheint auch in den Suchergebnissen bei Google.

Beschreibung

Dieses Meta-Tag sehen Sie auf Ihrem Blog nicht. Dafür wird die Beschreibung in der Google-Suche dargestellt. Beschreiben Sie in 1-2 Sätzen den Inhalt der Seite.

Keywords (Schlüsselwörter)

Früher waren Keywords das wichtigste SEO-Kriterium. Mittlerweile haben sie fast keine Bedeutung mehr. Trotzdem sollten Sie dieses Meta-Tag in WordPress nutzen und die Keywords entsprechend eintragen, und zwar aus folgenden Gründen:

1. Zum einen schadet es nicht und es ist klar im Aufbau.
2. Plug-Ins hin oder her, auch ein Plug-In muss man ersteinmal verstehen. Die manuelle Eingabe von Meta-Tags bedarf weniger Information und Sie können das nachvollziehen, was Sie selbst gemacht haben.

Die Auswahl an möglichen Plug-Ins ist überschaubar:

- All Meta Tags
- Add Meta Tags
- Auto SEO Tags
- SEO Meta Tags
- Yoast SEO

AUSWIRKUNG, AUFWAND UND GEWICHTUNG	
SEO-Gewichtung	sehr wichtig
Umsetzung in WordPress	sofort
Messbarkeit	sofort

2.12 Was ist Follow/NoFollow?

Nofollow (engl. *no* = nicht, engl. *follow* = folgen) ist ein Mikroformat. Beide Attribute werden gerne bei Backlinks verwendet. Ein Backlink ist ein wichtiges Element in der Suchmaschinenoptimierung. Die Qualität der Backlinks beeinflusst allerdings die Wertung bei Google und Co. Die Attribute *follow/nofollow* sind aktuell Teil eines Backlinks, einem Link nach extern und zurück auf die eigene Seite. In früheren Zeiten wurden Backlinks oft missbraucht, was zu unklaren und zu hoch bewerteten Seitenrankings führte. Follow-Attribute werden nicht explizit angegeben, man kann dies aber tun. Wichtiger aber ist der Einsatz von nofollow-Attributen bei SPAM-Links in Blog- und Kommentarbeiträgen. Als Anti-Spam-Maßnahme ist der Einsatz von nofollow-Links in Foren oder Blogs sicherlich wirkungsvoll und kann in WordPress sehr leicht SPAM vermeiden.

HINWEIS:

Ein nofollow-Link von einer Webseite steigert die Linkpopularität der verlinkten Webseite nicht und unterstützt folglich auch nicht das Ranking in allgemeinen Suchmaschinen. Doch es verhindert eine Abwertung der Webseite, weil SPAM-Kommentare in Blogs und Kommentaren verhindert werden. Grundsätzlich rate ich zum Einsatz der nofollow-Attribute, um eine Abwertung der Seite zu verhindern.

Sehen wir uns das in WordPress am Beispiel eines Plug-Ins und im Quelltext an.

Plug-In:

z. B. Ultimate Nofollow

Installation:

Plug-Ins/Plug-Ins installieren/Plug-In suchen und installieren

Dieses Plug-In enthält mehrere Tools in einem Paket, um die Kontrolle über die Anweisung `rel = "nofollow"` maßgeblich zu erhöhen, und zwar auf jeden Link in Ihrem Blog und in den Kommentaren. Hauptmerkmale des Plug-Ins sind:

- Die Zugabe einer Checkbox *nofollow* beim Einfügen von Links in Beiträgen
- Eine Nofollow-Option für einzelne Blogroll-Links
- Oder ein nofollow für alle Blogroll-Links-Optionen

- Hinzufügen oder Entfernen von *nofollow* zu allen Links in den Kommentaren (siehe Abbildung)

Nach der Installation ist standardmäßig ein Haken bei *Nofollow all links in Comments* gesetzt. Sinngemäß bedeutet dies, dass allen Links in Kommentaren ein `rel="nofollow"` hinzufügt wird.

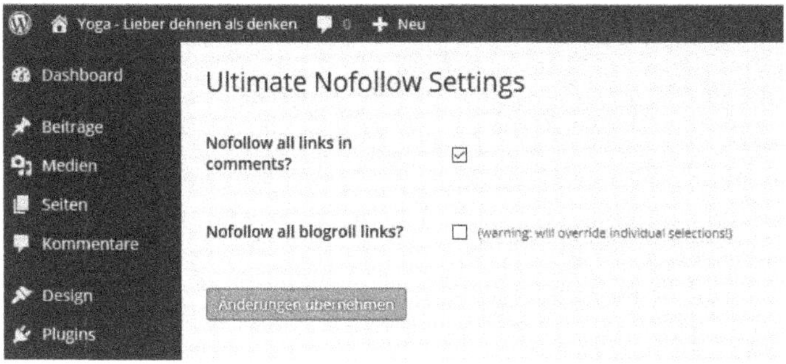

Bild 2.20: Einstellungen des Nofollow-Plug-Ins

Das Plug-In kann noch etwas mehr. Falls Sie auf Seiten oder in Beiträgen selbst Links auf nofollow setzen wollen, gibt es beim Erstellen des Linkziels die Möglichkeit, einen *rel=“nofollow“* zu setzen.

Durch die Installation des Plug-Ins können Sie wählen, ob dem Link gefolgt werden soll oder nicht (siehe die folgende Abbildung):

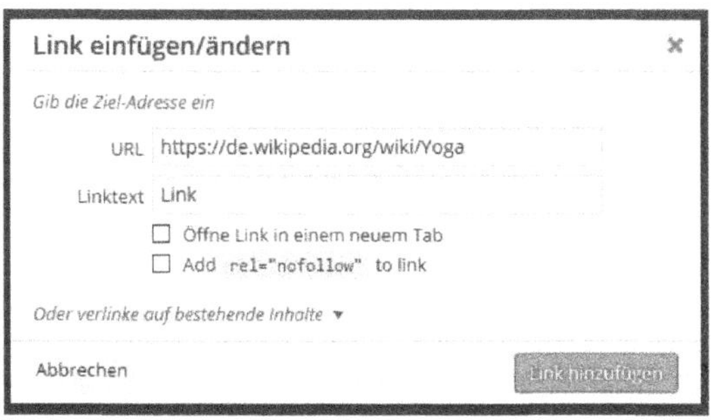

Bild 2.21: Bearbeitung der Linkziele in einem Beitrag

Im Quelltext sieht ein hinzugefügtes `rel="nofollow"`-Attribut tatsächlich so aus:

```
<div class="entry-content">
    <p>Wollen Sie mehr über Yoga wissen? Klicken Sie bitte auf diesen <a href="https://de.wikipedia.org/wiki/Yoga" rel="nofollow">Link</a></p>
</div><!-- .entry-content -->

<footer class="entry-footer">
    <span class="byline"><span class="author vcard"><img alt='' src='http://0.gravatar.com/avatar/c8c30b26159ef35840142c1c37eee8ef?s=49&#038;d=mm&#038;r=g'
article><!-- #post-## -->

iv id="comments" class="comments-area">
```

Bild 2.22: Ansicht des nofollow-Attributs im Quelltext

Etwas übersichtlicher:

```
<p>Wollen Sie mehr über Yoga wissen? Klicken Sie bitte auf diesen
<a href="https://de.wikipedia.org/wiki/Yoga" rel="nofollow">Link</a></p>
```

Neben den bisherigen Links gibt es also Links, die mit einem `nofollow`-Attribut versehen werden können. Wenn nun ein Crawler von Google auf einen solchen Link trifft, wird dieser ignoriert und dessen Ziel nicht durchsucht. Diese Links werden von Google und Co. dann nicht in den Index Ihrer Webseite aufgenommen und verschlechtern das Ranking demnach nicht.

HINWEIS:

Um alle Links auf einer Seite mit `nofollow` auszuzeichnen, kann die entsprechende Angabe auch dem Meta-Tag ***robots*** hinzugefügt werden (`<meta name="robots" content="nofollow" />`), entweder in den Meta-Descriptions oder in der `.htaccess`-Datei im Root-Verzeichnis der Webseite.

AUSWIRKUNG, AUFWAND UND GEWICHTUNG	
SEO-Gewichtung	nicht besonders wichtig
Umsetzung in WordPress	mittel
Messbarkeit	nicht sofort messbar

2.13 Strukturen einer Webseite überprüfen

Die Struktur einer Webseite ist ein sehr wichtiges Ranking-Kriterium. Dabei geht es nicht so sehr um die Aufteilung der Webseite in Header, Body und Footer, sondern vielmehr darum, was die Suchmaschinen als wertvollen Inhalt auslesen können. Dafür gibt es Marker und bestimmte HTML-Tags die den Suchmaschinen-Crawlern sagen: „Hey, da gibt's frischen Inhalt und die Struktur passt zur Seite".

Eine Webseite aus der Sicht einer Suchmaschine zu bewerten ist nicht einfach. Trotzdem ist es unerlässlich, das zu tun, um nachhaltig relevante Inhalte für Suchmaschinen aufbereiten zu können. Dazu gehört die richtige Verwendung von Überschriften.

Stellen Sie Überschriften, Kategorien, Seiten und Beiträge immer in einer SEO-konformen HTML-Form dar. Sprich, richtiges HTML, kein kopiertes HTML aus Word oder anderen Programmen.

Im Kapitel 2.29, „Search Engine Friendly URLs", in dem es um die Beschreibung der Permalinks geht, finden Sie alles ausführlich beschrieben. Alle Titel der Seiten werden auch als Permalinks dargestellt. Theoretisch könnten Sie sogar in den Permalinks angeben, dass die Titel auf .HTML enden sollen. Das ist aber nicht mehr nötig und veraltet. Es sei denn, Sie haben eine HTML-Seite, aber Sie arbeiten ja mit WordPress. Dort genügt der Seitenname ohne die Endung .HTML.

Überschriften werden in HTML mit Tags gekennzeichnet bzw. sie sollten zwischen einem H-Tag stehen. In WordPress ist das als Standard festgelegt! Nicht deswegen, weil HTML eine Sprache ist, sondern weil die Browser HTML interpretieren können. HTML ist also keine Sprache, sondern eine Formatierung, um dem Browser mitzuteilen, wie etwas dargestellt werden soll. Deswegen sind Überschriften mit einem Quasi-HTML-Format versehen.

HTML unterscheidet sechs verschiedene Überschriftentypen. Die Überschriftenarten stellen eine absteigende Relevanz dar – „h1" ist die wichtigste Überschrift, „h6" die unwichtigste. Die korrekte Darstellung einer Überschrift in HTML wird mit folgendem HTML-Code dargestellt:

<h1>Ich bin eine Überschrift und ich mache Yoga </h1>

Die Überschriften werden in HTML benutzt, um einem Text eine hierarchische Struktur zu geben. Dazu ein Beispiel: Nehmen wir an, ich schreibe einen Artikel über Lebensmittel. Die Überschrift „Yoga – lieber dehnen als denken" ist die Hauptüberschrift. Sie ist mit dem HTML-Tag „h1" versehen. Das Hauptthema wird beispielsweise in zwei Unterthemen, nämlich „Yoga für Kids mit Mamis" und „Yoga-Workshops für Kids mit Mamis" unterteilt. Dies wären also Unterüberschriften, die mit „h2" formatiert werden. Für Unterüberschriften dritten bis sechsten Grades innerhalb einer „h2"-Überschrift stehen außerdem die Tags <h3> bis <h6> zur Verfügung.

Zum besseren Verständnis ein Beispiel:

<h1>Yoga – lieber dehnen als denken</h1> <- Hauptüberschrift

dann weiter mit Text

<h2>Yoga für Kids</h2> <- Unterüberschrift

dann weiter mit Text

<h3>Yoga für Kids mit Mamis</h3> <- Weitere Spezialisierung

dann weiter mit Text

<h4> Yoga Workshops für Kids mit Mamis</h4> <- Weitere Spezialisierung

dann weiter mit Text

Wie das obige Beispiel zeigt, wird einem Text durch die Nutzung von Überschriften eine Gewichtung verliehen. Diese Gewichtung können Suchmaschinen erkennen. Suchmaschinen nutzen Überschriften, um zu erkennen, wie wichtig ein Thema ist und welche Gewichtung der Autor den einzelnen Unterthemen zuordnet.

Um einer Suchmaschine zu zeigen, um welches Thema es auf einer Webseite geht, muss eine einheitliche Überschriften-Struktur vorhanden sein. Außerdem müssen die Überschriften den Grundregeln von HTML angepasst werden, damit Suchmaschinen sie richtig interpretieren können. Das heißt, Überschriften müssen in <h>-Tags stehen.

Das bedeutet für die Praxis: Jeder neue Artikel und jede neue Webseite sollte übersichtlich gestaltet werden. Die Keywords sollten – wenn möglich – in den jeweiligen Überschriften auftauchen, damit Google diese Keywords als wichtig interpretiert. In den „h2" Überschriften sind dann die weniger wichtigen Keywords unterzubringen.

HINWEIS:

Das Überschrift-Tag h1 ist die Hauptüberschrift und sollte auf jeder Seite nur einmal vorkommen, um den Wert dieser Überschrift und der darin enthaltenen Keywords zu betonen.

AUSWIRKUNG, AUFWAND UND GEWICHTUNG	
SEO-Gewichtung	sehr wichtig
Umsetzung in WordPress	aufwendig
Messbarkeit	sofort

2.14 XML-Sitemaps für die Suchmaschinen

Eine Sitemap ist eine Liste aller Seiten (URLs) einer Website. Sie dient Suchmaschinen als Übersicht über die verfügbaren Inhalte sowie als strukturelle Grundlage, um den Aufbau einer Website (besser) zu verstehen.

Stellt man Suchmaschinen eine Sitemap seiner Website in Form einer XML-Sitemap zur Verfügung, können Unterseiten gefunden werden, die andernfalls unter Umständen übersehen werden (z. B. weil die Website bzw. die entsprechende URL zu neu ist und nur durch wenige Links auf sie verwiesen wird oder die Seite sehr tief innerhalb der Seitenstruktur verschachtelt ist).

Durch HTML-Sitemaps werden Suchmaschinen beim Crawlen der Website unterstützt. Zudem kommen sie den Usern zugute und tragen zur Nutzerfreundlichkeit (Usability) der Website bei.

Eine XML-Sitemap ist ebenfalls nützlich für Suchmaschinen. Sie bietet zwar keine Garantie dafür, dass alle Seiten gecrawlt werden, hilft aber bei der Auffindung neuer und verschachtelter Seiten.

Da nur Seiten, die von einer Suchmaschine gecrawlt werden, auch indexiert werden können, so in den Suchergebnissen auftauchen und für andere auffindbar sind, sollte jeder Webmaster eine HTML-Sitemap seiner Website erstellen und bei den Suchmaschinen Google und Bing eine XML-Sitemap einreichen.

Plug-In:

Google XML Sitemaps

Better WordPress Google XML Sitemaps

In Google Analytics genügt es, die Sitemap hochzuladen und zu aktivieren.

AUSWIRKUNG, AUFWAND UND GEWICHTUNG	
SEO-Gewichtung	sehr wichtig
Umsetzung in WordPress	leicht
Messbarkeit	sofort

2.15 Content verstecken oder sichtbar lassen?

Unter Hidden Content (deutsch: versteckter Inhalt) werden Textinhalte und Links einer Website gefasst, die zwar im Quelltext stehen, jedoch für den Besucher unsichtbar bleiben. Der bewusste Einsatz von versteckten Inhalten, die mit relevanten Keywords gefüllt werden, wird von Suchmaschinenbetreibern als Manipulation der Suchergebnisse betrachtet und gehört demnach in den Bereich Black Hat SEO.

Hidden Content in der Praxis

Hidden Content kann in unterschiedlichen Formen zum Einsatz kommen:

Manipulation der Schrifteigenschaften: Die einfachste Methode, Inhalte für Nutzer unsichtbar zu machen, besteht darin, entweder die Schriftgröße von Texten per CSS auf „null" zu setzen oder die Schriftfarbe mit einem Color-Befehl dem Hintergrund anzupassen.

Ausblenden von CSS-Elementen: Eine weitere Variante besteht darin, einen kompletten CSS-Container über die Befehle „visibility: hidden" oder „display: none" im Front-End auszublenden.

Bilder-Manipulation: Hidden Content kann sich hinter Bildern verbergen, die im System abgelegt werden. Der Text wird hinter einem Bild versteckt und ist somit für den Nutzer nicht sichtbar.

Versteckte Links: Um einen Link zu verstecken, kann z. B. ein Sonderzeichen verlinkt werden, das nicht im Frontend erscheint, sondern lediglich im Quellcode sichtbar wird.

Bei allen Varianten stehen relevante Suchbegriffe immer noch im Quelltext, ohne dass sie im sichtbaren Bereich der Website auftauchen. Für Suchmaschinen sind die versteckten Inhalte demnach lesbar.

Hidden Content und SEO

Als die Suchmaschinenoptimierung ebenso wie die Technik der Suchmaschinen Mitte der 1990er-Jahre noch in den Anfängen steckte, war es für Webmaster relativ einfach, ihre Seiten zu bestimmten Suchbegriffen auf die vorderen Seiten der Suchmaschinenergebnisse zu bringen. Ein beliebtes Mittel der Wahl war der Einsatz von Hidden Content. Eine Häufung von Keywords wurde auf der Website „versteckt", um den Robots den nötigen Content zu bestimmten Suchbegriffen zu liefern. Damals waren die Suchcrawler noch nicht in der Lage, versteckten Inhalt von tatsächlich angezeigtem zu unterscheiden. Heute können die Bots der Suchmaschinen versteckte Inhalte jedoch sehr genau identifizieren.

Mögliche Konsequenzen beim Einsatz von Hidden Content

Alle gängigen Suchmaschinen wie Google, Bing oder Yahoo haben entsprechende Richtlinien für Webmaster verfasst, in welchen Hidden Content explizit oder indirekt als Manipulation der Suchergebnisse eingestuft wird. Die Konsequenzen bei Nichtbeachtung der Guidelines reichen von einer Penalty für einzelne Unterseiten bis hin zum kompletten Ausschluss einer Website aus dem Index. Vor allem vor dem Hintergrund der stetigen Optimierung der Suchalgorithmen ist jedem Webmaster davon abzuraten, Hidden Content in seine SEO-Strategie zu integrieren.

Erlaubter Hidden Content

Grundsätzlich werden Websites für User und nicht für Suchmaschinen optimiert. Demnach sollte sich jeder Webmaster fragen, ob seine Optimierungsstrategien dem Besucher seiner Seite auch nutzen. Vielfach können Textelemente das Design einer Website erheblich verändern. Dennoch sollten Webdesigner und SEO-Experten gemeinsam nach einer Lösung suchen, um trotz vieler Bilder auch Text auf der Seite unterzubringen. Minimale Optimierungsmöglichkeiten bestehen z. B. darin, die ALT-Tags der Bilder zu verwenden, um das Bild dort mit relevanten Keywords zu beschreiben. Ebenso können Webmaster die title-Tags der Bilder nutzen, um dort zielführende Informationen für den Nutzer und relevante Keywords zu platzieren. Die massenhafte Verwendung von Keywords oder Keywordkombinationen ist jedoch zu vermeiden, da dies von den Suchrobots im Extremfall als *Keyword Stuffing* interpretiert werden könnte. Unter Keyword Stuffing (deutsch: vollstopfen, füllen) versteht man eine, aus Google-Sicht, unerlaubte SEO-Technik. Bei dieser Technik werden Suchbegriffe in den Meta-Daten, in textlichen Inhalten oder als Linktexte sehr häufig wiederholt, um die Keyword-Relevanz künstlich zu erhöhen. Keyword Stuffing hat eine deutliche Erhöhung der Keyword-Dichte zur Folge und wird von Suchmaschinen als Spammaßnahme bewertet, was in der Regel eine Abwertung der Seite zur Folge hat. Deswegen gibt es Quasi-Regeln für die Verwendung von Keywords. In der Metabeschreibung, also der Inhaltsbeschreibung der Seite für die Browser und Suchmaschinen, sollte ein bestimmtes Keyword nicht mehr als dreimal vorkommen. Plug-Ins wie Yoast SEO helfen sehr gut bei der Verwendung von Keywords in Texten. Das Plug-In zählt die Keywords und warnt gegebenenfalls.

Um eine verbesserte Sicht auf eine Website zu gewährleisten, kann auch mit *Mouseover*-Texten (Texte, die sich mit dem Verlassen der Maus in Farbe oder Inhalt etc. ändern) sowie Buttons zum Ein- und Ausblenden von Texten gearbeitet werden. Empfehlenswert ist jedoch immer, so viel sichtbaren Text wie möglich „above the fold“ (ohne scrollen sichtbar) zu platzieren.

Verborgener Text und verborgene Links

Das Verbergen von Text oder Links in Ihren Inhalten mit dem Ziel, das Ranking in den Google-Suchergebnissen zu beeinflussen, kann von Google als Täuschung und somit als Verstoß gegen die Richtlinien für Webmaster angesehen werden. Text wie z. B. eine übermäßige Anzahl von Keywords kann auf verschiedene Weise verborgen werden, unter anderem durch:

- weißen Text auf weißem Hintergrund
- Platzieren von Text hinter einem Bild
- Verwendung eines CSS, um Text außerhalb des sichtbaren Bildschirmbereichs zu platzieren
- Verwendung der Schriftgröße 0
- Verbergen eines Links, indem nur ein kleines, unauffälliges Zeichen verlinkt wird, z. B. ein Bindestrich mitten in einem Abschnitt

Wenn Sie Ihre Website auf verborgenen Text oder verborgene Links überprüfen, suchen Sie nach allen Elementen, die für die Besucher Ihrer Website nur schwer sichtbar sind. Befinden sich diese Texte bzw. Links lediglich für Suchmaschinen und nicht für Ihre Besucher auf Ihrer Website?

Allerdings handelt es sich nicht bei jedem verborgenen Text um eine Täuschung. Falls Sie auf Ihrer Website beispielsweise Technologien nutzen, auf die Suchmaschinen nur schwer zugreifen können, wie etwa JavaScript, Bilder oder Flash-Dateien, können Sie mithilfe von beschreibendem Text für diese Elemente die Zugänglichkeit Ihrer Website verbessern. Viele Besucher, die über Screenreader, mobile Browser, Browser ohne Plug-Ins oder langsame Verbindungen auf Ihre Website zugreifen, können diese Inhalte nicht aufrufen und profitieren ebenfalls von dem beschreibenden Text. Sie können die Zugänglichkeit Ihrer Website testen, indem Sie alle JavaScript- und Flash-Elemente sowie Bilder in Ihrem Browser deaktivieren oder einen ausschließlich textbasierten Browser wie Lynx verwenden. Im Folgenden einige Tipps, wie Sie die Zugänglichkeit Ihrer Website verbessern können:

Bilder: Stellen Sie über das „alt"-Attribut beschreibenden Text zur Verfügung. Darüber hinaus empfiehlt es sich, dem Bild eine normal lesbare Bildunterschrift und beschreibenden Text hinzuzufügen. Weitere Tipps zu Bildern finden Sie im nächsten Abschnitt.

JavaScript: Fügen Sie JavaScript-Inhalte zusätzlich in ein <noscript>-Tag ein. Falls Sie diese Methode verwenden, achten Sie darauf, dass diese Inhalte genau den JavaScript-Inhalten entsprechen und allen Besuchern, die kein JavaScript im Browser aktiviert haben, angezeigt werden.

Videos: Fügen Sie im HTML-Code dem Video beschreibenden Text hinzu. Möglich ist auch, eine Abschrift des Videos zur Verfügung zu stellen.

AUSWIRKUNG, AUFWAND UND GEWICHTUNG	
SEO-Gewichtung	sehr wichtig
Umsetzung in WordPress	Hidden Content verhindern
Messbarkeit	kann eine Weile dauern

2.16 SEO für Bilder und andere Medien

Oft wird nicht darauf geachtet, dass auch Bilder, Dokumente und Dateien suchmaschinenfreundlich dargestellt werden sollten. Nehmen wir ein Bild auf der Webseite. Ohne einen Titel zum Bild liest der Webseiten-Crawler nur den Bildnamen aus. Dieser kann aber erheblich vom eigentlichen Inhalt des Bildes abweichen. Ein Bild mit dem Namen *photo1hjmjnn.png* ist für Suchmaschinen z. B. nicht zu gebrauchen und schadet dem Ranking.

Genau für diesen Zweck gibt es ein HMTL-Tag mit der Bezeichnung *alt=""*. Dieses Tag gibt Ihnen die Möglichkeit, dem Bild einen Titel und einen Namen zu geben.

Wenn Sie das Bild *photo1hjmjnn.png* mit *alt="Yoga für Kinder"* versehen, ist das Bild quasi ein Text, der wiederum von Suchmaschinen gefunden und gelesen werden kann.

Sie können die sinnvollen Alternativtexte entweder per Hand über das WordPress-Backend (*Medien – Bildunterschriften* und *Bild Alternativtexte*) eingeben, oder, wenn Sie sehr viele Bilder haben, es auch durch ein Plug-In erledigen lassen. Das Plug-In verwendet dann die Seitenüberschrift und generiert daraus einen Alternativtext für das Bild – siehe das Plug-In-Beispiel unten.

Plug-In:

z. B. Bulk SEO Image

Das Plug-In ist kostenlos

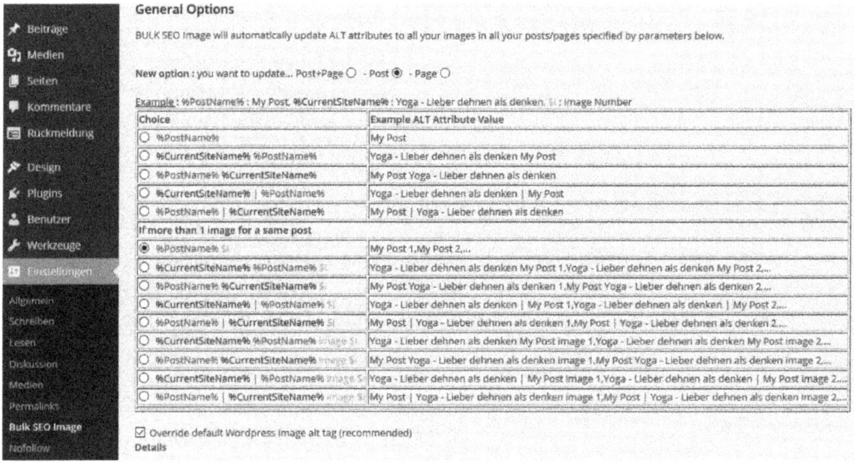

Bild 2.23: Mit dem Plug-In *Bulk SEO Image* kann automatisch das `alt=""` gefüllt werden.

Bild 2.24: Ausfüllen des Feldes *Alternativtext*

Im Quelltext wird das Bild mit einem Namen nun so dargestellt:

```
wp-post-image" alt="Camping und Yoga"
```

Bild 2.25: Quelltext mit ausgefülltem alt-Tag

AUSWIRKUNG, AUFWAND UND GEWICHTUNG	
SEO-Gewichtung	sehr wichtig
Umsetzung in WordPress	leicht
Messbarkeit	sofort

2.17 Nationale und internationale Linkziele (hreflang)

Das *hreflang*-Tag teilt den Suchmaschinen mit, dass Sie auf Ihrer Webseite eine bestimmte Sprache verwenden und verschiedene Sprachen anbieten. Logische Schlussfolgerung: Der Einsatz des Attributs ist nur bei Mehrsprachigkeit sinnvoll sowie bei Webseiten, die mehr als nur eine TLD (Top Level Domain) haben und zugleich mehrsprachig sind z. B.

www.yogastuff.de
www.yogastuff.eu
www.yogastuff.fr
www.yogastuff.co.uk

usw.

Suchmaschinen verwenden das *hreflang*-Tag, um Besuchern mit einer anderen Sprache auf die richtige Seite umzulenken. Das *hreflang* wird auch als `rel = "alternate" hreflang = "x"` bezeichnet. Korrekt eingebaut, sieht ein *hreflang* so aus:

```
<link rel="alternate" hreflang="x" href="http://x.beispiel.com" />
```

Was bedeutet eigentlich Mehrsprachigkeit? Im Grunde bedeutet es, dass der Inhalt in mehr als einer Sprache und die wichtigsten WordPress-Elemente in einer oder in mehreren Sprachen verfügbar sind. Mehrsprachigkeit kann sowohl echte Sprachgrenzen (länderübergreifend) oder unterschiedliche Sprachen in einem Land meinen.

Beispiel:

www.yogastuff.de: Sprache ist Deutsch

www.yogastuff.com: Sprachen sind z. B. Englisch, Spanisch, Französisch

HINWEIS:

Wichtig ist `hreflang` besonders für internationale Rankings.

Plug-In:

- z. B. Add Meta Tags
- SEO by SQUIRRLY™

Installation:

Installieren Sie das Plug-In wie üblich über *Plug-Ins installieren/Plug-In suchen und installieren*

Nach der Installation befindet sich das Plug-In unter *Einstellungen/Metadata*

Dort finden Sie neben anderen Einstellungen auch die Parameter für die Mehrsprachigkeit mit dem Attribut *hreflang*.

Fügen Sie bei *Locale* die Länderkennung entsprechend der verwendeten Sprache ein. In diesem Beispiel ist es *en_US* für die Sprache Englisch. Speichern Sie und sehen Sie sich den Quelltext an. Mit Angabe dieser Länderkennung signalisieren Sie den Suchmaschinen, dass Ihre Webseite englischsprachig ist und vermutlich international verwendet wird.

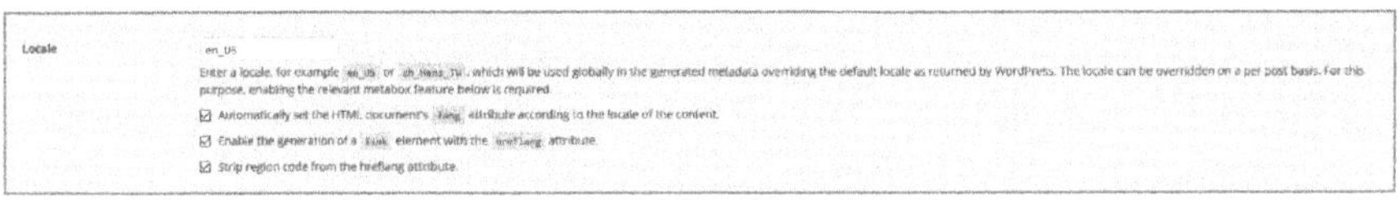

Bild 2.26: Einstellungen für das hreflang-Attribut in WordPress

Im Quelltext sieht der Eintrag wie gewünscht aus:

```
<!-- BEGIN Metadata added by the Add-Meta-Tags WordPress Plug-In -->

<link rel="alternate" hreflang="en" href="http://seo.redrice.biz/" />
<meta name="description" content="Yoga für jung und alt" />

<!-- END Metadata added by the Add-Meta-Tags WordPress Plug-In -->
```

Natürlich können Sie die hreflang-Einträge auch selbst setzen. In jedem Beitrag und auf jeder Seite gibt es die Möglichkeit, Links zu bearbeiten.

Ergänzen Sie die bestehenden Links einfach durch dieses Element:

```
Link: <http://en.yogastuff.com>; rel = "alternate" hreflang = "en"
```

HINWEIS:

Bitte verwenden Sie die Elemente `alternate` und `hreflang` immer zusammen.

AUSWIRKUNG, AUFWAND UND GEWICHTUNG	
SEO-Gewichtung	Nicht sehr wichtig
Umsetzung in WordPress	mittel
Messbarkeit	sofort

2.18 Tote Links finden und anpassen

Unter Umständen kann eine WordPress-Seite einige hundert interne Links beinhalten. Vor allem dann, wenn Sie einen Shop haben. Kaputte Links erzeugen in der Regel eine 404-Fehlerseite und führen meist nicht weiter. Wie reagiert ein Besucher darauf? Meistens springt der Besucher ab oder verliert sich auf der Webseite. Das, was er suchte, hat er nicht gefunden. Der Besucher springt ab und erzeugt dadurch eine erhöhte *Bounce*-Rate (Absprungrate). Das kann schon mal vorkommen, und mit den richtigen Plug-Ins kann es auch verhindert werden. Trotzdem bewertet Google die Seite schlechter, wenn fehlerhafte Links dauerhaft auftreten und sich das Besucherverhalten dadurch ändert, sprich: verschlechtert. Fehlerhafte Links aufzuspüren und zu reparieren ist ein Muss. Wer es vergisst oder übersieht, der wird von den Suchmaschinen gnadenlos abgestraft. Die Konkurrenz kann es vielleicht besser! Suchen, finden und reparieren Sie fehlerhafte Links mit einem Plug-In für WordPress.

Plug-In:

- Broken Link Checker
- Webseite des W3C
- *https://validator.w3.org/checklink* (auch geeignet, um fehlerhaftes HTML zu finden)

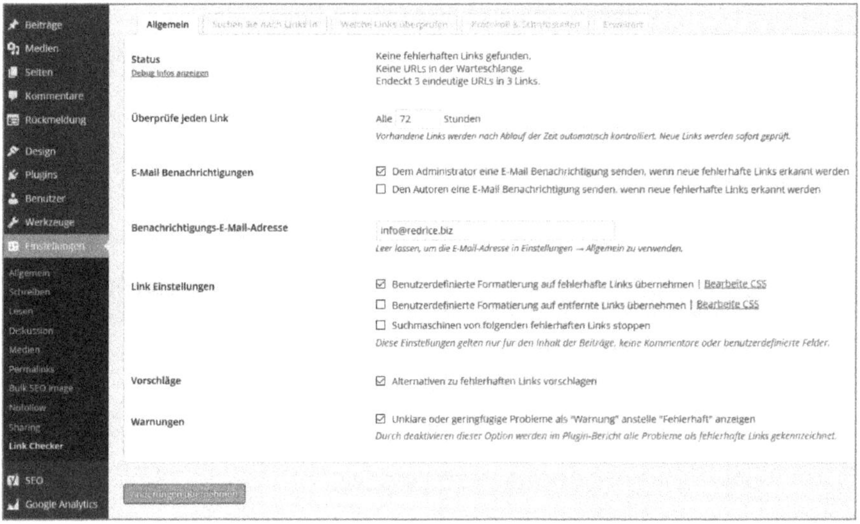

Bild 2.27: Plug-In zur Überprüfung fehlerhafter Links

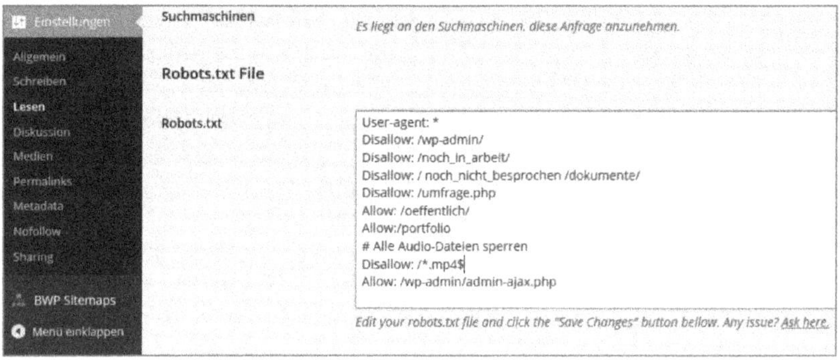

Bild 2.28: Einstellungen für die Suche

AUSWIRKUNG, AUFWAND UND GEWICHTUNG	
SEO-Gewichtung	sehr wichtig
Umsetzung in WordPress	mittel
Messbarkeit	sofort

2.19 Spielt die Ladezeit einer Webseite eine Rolle?

Die Ladezeiten von statischen und dynamischen Webseiten variieren häufig. Die Gründe dafür sind leicht nachzuvollziehen.

Google äußert sich zu Bewertungen bezüglich der Ladezeiten von Webseiten folgendermaßen: „Viele Faktoren können sich auf die Ladezeit deiner Internetseite auswirken, keinen einzigen solltest du vernachlässigen und beim Erstellen neuer Inhalte jeweils darauf achten, ob der neue Beitrag sich gut und schnell im Browser aufrufen lässt. Dabei solltest du immer auch bedenken, dass nicht jeder User aus deiner Zielgruppe mit einem modernen Rechner oder einer sehr schnellen Internetverbindung online geht."

Plug-Ins:

Skripte und Plug-Ins sollten immer nur dann geladen werden, wenn sie auch benötigt werden. WordPress-Anwender können ein Plug-In wie WP Minify nutzen, um CSS- und JS-Dateien zu komprimieren. Plug-Ins sollten Sie immer nur dann einsetzen, wenn es wirklich nötig ist – zugunsten von Ladezeiten sollten Sie auf Spielereien verzichten, die für das Lesen oder Kaufen Ihrer Inhalte nicht wirklich gebraucht werden.

Datenbanken:

Datenbanken wollen gehegt und gepflegt werden. Neben regelmäßigen Backups sollten Sie ab und zu aufräumen und komprimieren, in WordPress z. B. mit WP-Optimize. Ganz wichtig ist auch das Caching (das Speichern von Inhalten im Browserspeicher) – mit aktiviertem Cache wird die Datenbank entlastet und die Seite im Browser des Users schneller geladen.

Bilder und Medien:

Auch die Bildergröße kann ein Faktor sein: Es genügt nicht, Größenangaben in den Quellcode zu setzen, um die Ansicht eines hoch auflösenden Fotos zu „verkleinern". Das Bild bleibt ja weiterhin so mächtig und benötigt viel Zeit, um vollständig geladen zu werden. Mit Tools wie GIMP lässt sich jedes Bild so zuschneiden, dass es die zum Blog-Layout passende Größe hat, aber eben auch nicht mehr.

Webhoster:

Bei der Anmietung von Webspace sollten Sie wieder lieber klotzen als kleckern, denn die preiswertesten Hosting-Accounts für Webseiten und Blogs haben oft Leistungsschwächen, weil jedes Projekt sich den Platz mit hunderten von anderen teilt.

Google Analytics:

Mit Google Analytics können Sie das Verhalten der Website im Bereich Geschwindigkeit prüfen. Weil die Auswertung nach Browser-Typen aufgeteilt ist, lassen sich hier auch technische Probleme mit einzelnen Web-Browsern erkennen.

Außerdem zeigt Google Analytics und Google PageSpeed an, welche Seiten langsam sind, sodass Sie konkret an der Optimierung arbeiten können: Bilder und Inhalte minimieren, CSS und JavaScript auslagern, Caching einschalten – das Google-Tool gibt Ihnen sogar gleich die passenden Tipps und macht Vorschläge, wie sich der Page Speed steigern lässt.

Die Hinweise auf die richtigen Vorgehensweisen, Dateigrößen und Formate helfen Ihnen dabei, bei der Erstellung der nächsten Inhalte von Anfang an auf solche Details zu achten.

Der Aufwand lohnt tatsächlich und wird belohnt! Denn eine Website, die schnell und zufriedenstellend lädt, informiert Ihre Besucher ohne Frust und Wartezeiten und ist immer auch ein Image-Faktor.

Neben der Nutzerfreundlichkeit wird das Ranking in der organischen Suche beeinflusst: Lauter gute Gründe also, die Ladezeit Ihrer Website regelmäßig zu checken.

Plug-Ins:

- WP Minify (gibt es auf der Seite *http://WordPress.org/plugins*)
- WP Super Cache oder W3 Total Cache oder Hyper Cache oder WP Rocket.

Eines dieser vier Caching Plug-Ins sollte man installieren, um die Ladezeiten der Seite zu verbessern. Welches das richtige ist, muss man selbst ausprobieren, je nach Seitengröße und Art des Themes.

Plug-In zum Aufräumen der Datenbank:

- WP-Optimize

Tools zur Analyse:

- Google Analytics
- Google PageSpeed

Ein kostenloses, aber geniales Werkzeug zur Messung der Ladezeiten ist der Pagespeed-Test von Google.

https://developers.google.com/speed/pagespeed/insights

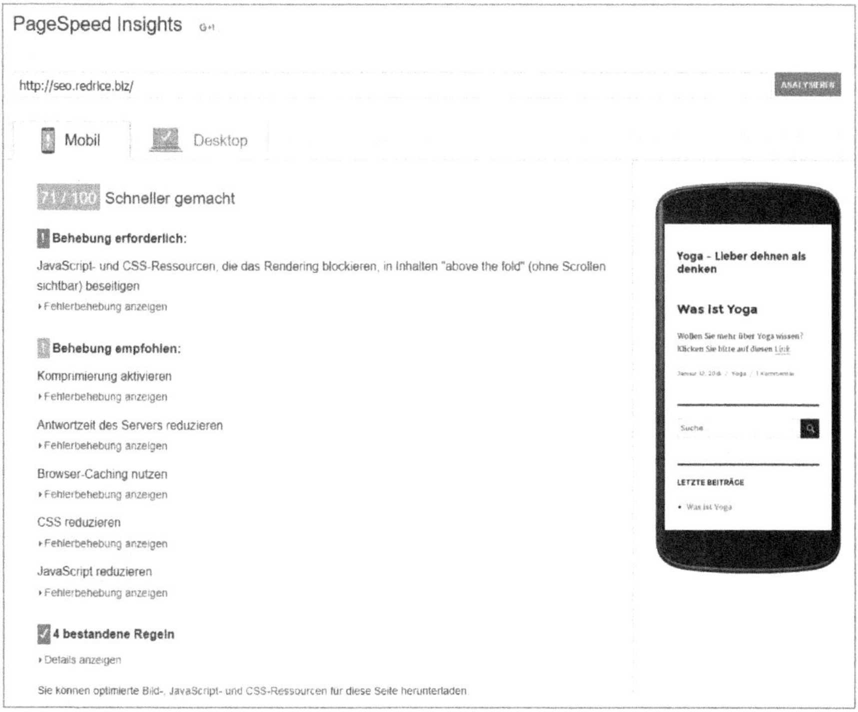

Bild 2.29: Pagespeed-Test von Google

Nach einem Test mit einer leeren WordPress-Installation brachte eine Messung diese Ergebnisse:

Immerhin! 71 von 100 Punkten ist für eine leere WordPress-Seite nicht schlecht. Aber was genau meckert das Tool denn an?

Diese Punkte gehören verbessert:
Komprimierung aktivieren
Antwortzeit des Servers reduzieren
Browser-Caching nutzen
CSS reduzieren
JavaScript reduzieren
Außerdem wird eine Fehlerbehebung vorgeschlagen.

Zu Punkt 1 schlägt Pagespeed Folgendes vor: Durch die Komprimierung der Ressourcen mit *gzip* oder *deflate* kann die Anzahl der über das Netzwerk gesendeten Bytes reduziert werden.

Ermöglichen Sie die Komprimierung der folgenden Ressourcen, um die Übertragungsgröße um 51,6 KB (68 %) zu reduzieren.

Durch die Komprimierung von *http://seo.redrice.biz/.../twentysixteen/genericons/Genericons.svg* könnten 51,6 KB (68 %) eingespart werden.

Die Ladezeit könnte verbessert werden, indem Sie die Datei *genericons.svg* komprimieren. Suchen Sie die Datei und komprimieren Sie sie. Eine erneute Pagespeed-Analyse bringt dieses Ergebnis:

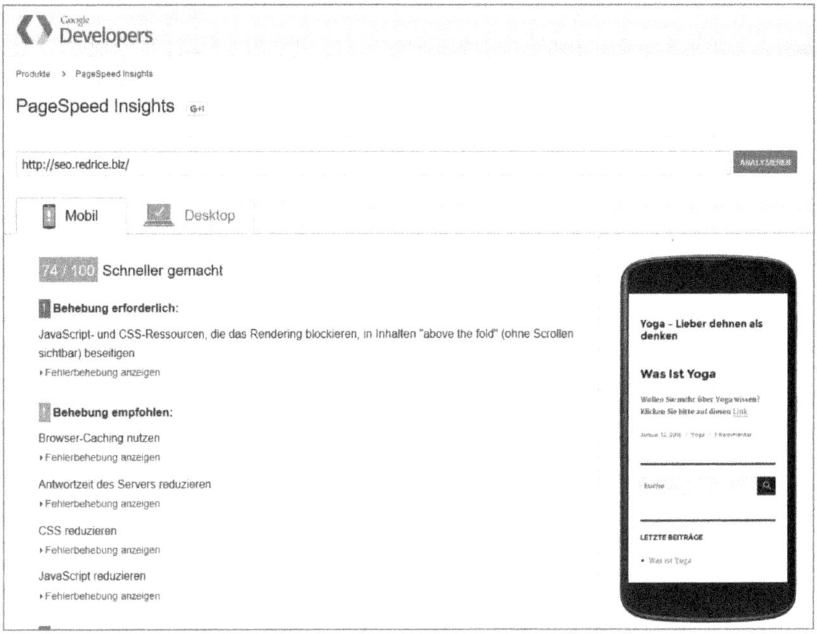

Bild 2.30: Pagespeed-Analyse nach der Optimierung

Tatsächlich wurde die Ladezeit verbessert und das Google-Tool belohnt es mit 74 von 100 Punkten.

Hat sich diese kleine Veränderung auch auf das Ranking der Webseite ausgewirkt? Hier sehen Sie eine Analyse mittels des Tools ASEOPS, vor und nach der Optimierung:

Vor der Messung:

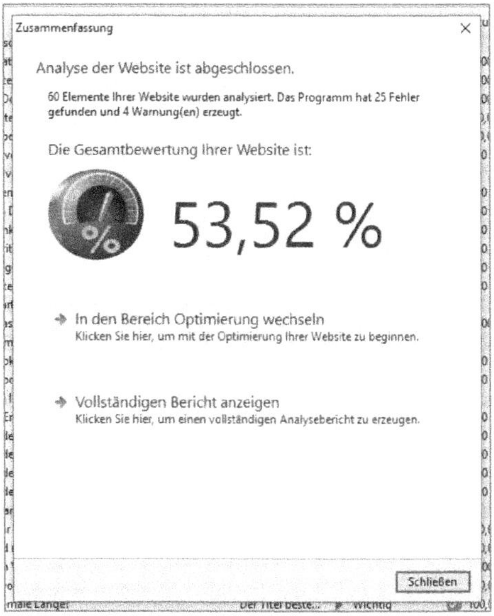

Bild 2.31: Analyse mit ASEOPS vor der Optimierung

Nach der Messung:

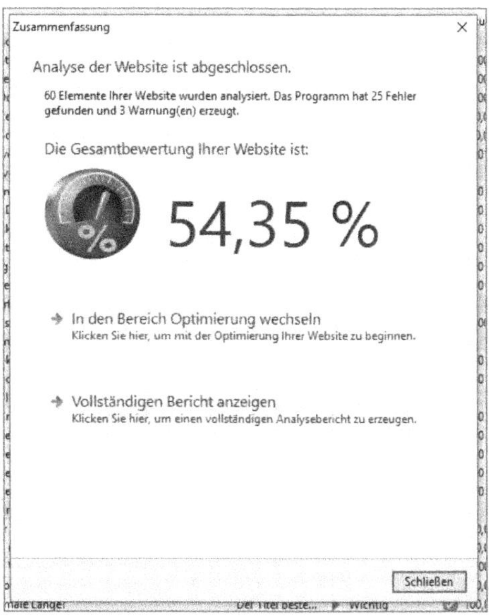

Bild 2.32: Analyse mit ASEOPS nach der Optimierung

Vorher: 53,52 %
Nachher: 54,35 %

Wie Sie sehen, wurde das Ranking ein wenig verbessert. Indem Sie nach und nach alle empfohlenen Behebungen gemäß der vorgeschlagenen Fehlerbehebung lösen, steigert sich das Ranking noch weiter. Die Ladezeiten einer Webseite sind ein wichtiger Rankingfaktor für die Suchmaschinen.

AUSWIRKUNG, AUFWAND UND GEWICHTUNG	
SEO-Gewichtung	sehr wichtig
Umsetzung in WordPress	mittel
Messbarkeit	sofort

2.20 Responsive Design? Aber ja!

Moderne WordPress-Seiten bringen bereits ein responsives Design mit. Zusätzlich empfehle ich das geniale Plug-In Jetpack.

Sie können im Übrigen sehr leicht prüfen, ob eine Webseite responsive ist. Besuchen Sie die Seite *www.responsive-design-test.de/* und geben Sie oben die URL der Webseite ein. Das Ergebnis wird Sie überraschen und ist sehr hilfreich.

Bild 2.33: Responsive Check der Webseite

2.20.1 Was bedeutet responsives Design?

Multimedia-Inhalte, die sich an jede Bildschirmgröße jedes modernen Geräts anpassen!

Definition Wikipedia:

Beim Responsive Webdesign (im Deutschen auch responsives Webdesign genannt oder kurz RWD, englisch responsive, reagierend') handelt es sich um ein gestalterisches und technisches Paradigma zur Erstellung von Websites, sodass diese auf Eigenschaften des jeweils benutzten Endgeräts, vor allem Smartphones und Tabletcomputer, reagieren können. Der grafische Aufbau einer „responsiven" Website erfolgt anhand der Anforderungen des jeweiligen Gerätes, mit dem die Site betrachtet wird. Dies betrifft insbesondere die Anordnung und Darstellung einzelner Elemente, wie Navigationen, Seitenspalten und Texte, aber auch die Nutzung unterschiedlicher Eingabemethoden von Maus (klicken, überfahren) oder Touchscreen (tippen, wischen). Technische Basis hierfür sind die neueren Webstandards HTML5, CSS3 (hier insbesondere die Media Queries) und JavaScript.

Responsives Design ist ein wichtiger Rankingfaktor.

AUSWIRKUNG, AUFWAND UND GEWICHTUNG	
SEO-Gewichtung	sehr wichtig
Umsetzung in WordPress	mittel
Messbarkeit	kann eine Weile dauern

2.20.2 Responsives Design auf allen Geräten

OpenGraph

Open Graph ist ein Protokoll, mit dessen Hilfe u. a. Informationen an Social-Media-Plattformen übermitteln werden. Über spezielle Meta-Befehle im <head> der Seite werden die Informationen übermittelt. Die Seite bzw. die einzelnen Beiträge Ihres Blogs werden anschließend bei Facebook, Twitter oder Google prominenter angezeigt. So integrieren Sie Open Graph in WordPress:

Plug-Ins:

- Add Meta Tags
- Open Graph

Seitenspezifische WordPress-Plug-Ins als Alternative zu der Bearbeitung der funktions.php (kann über die Plug-In-Suche in WordPress gefunden werden)

Open Graph Tag-Optimierung

Jeder kennt das: Man kopiert eine URL, fügt sie in die Status-Box oder das Nachrichtenfeld bei Facebook (FB) ein und FB erstellt sofort ein Snippet zu der URL, das dann von anderen Usern gesehen werden kann. Postet man eine URL in dem Netzwerk, so zieht sich FB auch ohne Voreinstellung Informationen von der Seite und erzeugt ein Snippet. Oft wird der Webseiten-Titel verwendet. Das ist meist noch verständlich. Aber bei der Beschreibung und dem Bild hapert es dann. Doch es gibt Abhilfe und Optimierungsmöglichkeiten. So wie im Bereich SEO ein Google-Snippet optimiert werden kann, ist dies auch bei FB möglich. Mithilfe der Facebook-eigenen Open Graph Tags lässt sich so einiges am Snippet machen.

Grundlegende Open Graph Tags

```
og:title
```

Vergleichbar mit dem Title-Tag. Knackig, präzise und mit einer Aussage.

```
og:description
```

Vergleichbar mit der Meta-Description, die für Suchmaschinen optimiert wird. Beim Fehlen der OG.description zieht sich FB meist die Meta-Description (wenn vorhanden).

```
og:type
```

Klassifiziert den Typ der entsprechenden Seite. Bei einem Blogartikel würde sich folgende Auszeichnung anbieten: `<meta content="article" property="og:type"/>`. Bei einer Startseite `<meta content="website" property="og:type"/>`.

```
og:image
```

Hiermit kann das Bild definiert werden, das im FB-Snippet erscheint. Es sollte Neugier wecken, zum Klicken animieren und nicht zuletzt zur Seite passen. Hier zwei Beispielseiten, bei denen Sie bitte in den Quelltext schauen. Zum Quelltext der Seite kommen Sie durch einen Rechtsklick mit der Maustaste auf der Seite. Wählen Sie dann *Seitenquelltext ansehen* aus.

Beispiel: *www.spiegel.de* oder *www.welt.de*

Man sieht, dass *www.welt.de* über `og:image` fest definiert, welches Bild im FB-Snippet zu sehen sein soll, nämlich das Logo. Bei *www.spiegel.de* wird je nach Nachrichtenlage ein Bild importiert. Der Wiedererkennungswert wird somit minimiert.

Wann lohnt sich eine Optimierung?

Die Optimierung von FB-Snippets eignet sich vor allem bei einzelnen Produkten oder saisonalen Produktereignissen (Weihnachten, Neueinführung, Produktreihen-Wechsel, Facelifts, Redesigns, Ausverkäufen, Lagerräumungen, Sonderposten, etc.). Gerade wenn man als Shop einen starken FB-Influencer hat, der die eigenen URLs auf seiner Seite postet, sollte man tunlichst darauf achten, dass diese perfekt dafür optimiert sind.

Welche Seiten sollten optimiert werden?

Sofern man ein Produkt, eine Website oder ein Projekt betreibt, das viel und oft Traffic über Facebook bekommt, lohnt sich bei Topsellern (WooCommerce Shop) oder zukünftig zu promotenden Produkten eine Open-Graph-Optimierung. Jedes einzelne Produkt anzupassen könnte einer Kosten-Nutzen-Relation zuwiderlaufen. Deswegen sollte man ausgesuchte Seiten angehen.

Um zu schauen, welche URLs oft über Facebook angesteuert werden, kann man in Google Analytics folgenden Weg gehen: Verweis-Traffic –> FB auswählen –> über die „sekundäre Dimension" die „Zielseiten" herausfinden.

Dann packt man eine ausgewählte Zielseite in die Status- oder Nachrichten-Box bei FB und kann sehen, wie das FB-Snippet für die User aussieht. Man bekommt somit die optische Darstellung, die sich aus den Auszeichnungen im Quellcode zusammensetzt.

Nun kann man ansetzen und bei weniger stark konvertierenden Produkten die Optimierung beginnen bzw. das zu erwartende Snippet grundlegend optimieren.

Wie sollten Sie optimieren?

Title (`og:title`): Der Title sollte, wie schon oben beschrieben, knackig und präzise sein. Idealerweise sagt der Titel etwas aus und wird vom User schnell verstanden (auch das erhöht die Klickrate).

Beschreibung (`og:description`): Kurz anteasern, was den User auf der Seite erwartet. Ein *Call to Action* (das ist ein Button, der mit einer Aktion verknüpft wird) sollte hier rein. Eventuell sollte der Anwender als Facebook-User angesprochen und dadurch abgeholt werden.

Bild (`og:image`): Hier sollte natürlich ein gutes Foto des entsprechenden Produktes hinterlegt werden. Idealerweise weckt es Neugier oder Begierde bei der Zielgruppe und animiert zum Klicken.

Ein Schriftzug in Bildform kann unter Umständen die Klickrate positiv beeinflussen.

Über Plug-Ins lassen sich die Open Graph Tags vielfach ohne Aufwand editieren. Der Vorteil im Vergleich zur Google-Snippet-Optimierung liegt in der schnelleren Sichtbarkeit der Folgen einer Optimierung. Um bei Google+ gute Snippets hinzubekommen, sollten Sie sich stärker auf `schema.org` verlassen. Die Tipps auf dieser Webseite sind sehr gut. Mehr zu Social Meta Tags bei Twitter, Pinterest und Google+ finden Sie in dem Top-Artikel von Cyrus Shepard.

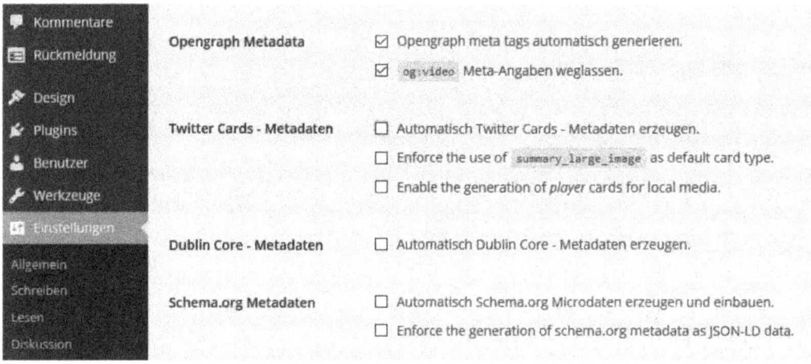

Bild 2.34: Opengraph-Einstellungen im Plug-In *Add Meta Data*

2.21 Twittercards

Beim Kurznachrichtendienst Twitter werden Links gerne durch eigene URL-Verkürzungen (Shortener) gekürzt, bevor man sie in einem Tweet verbreitet. Dadurch kann man nachher genau feststellen, wie viele User auf diesen Link geklickt haben. Zusätzlich nutzt Twitter den hauseigenen Dienst t.co, um die Links zu verschleiern. Für uns Anwender wird es aber somit oft zur Glückssache, ob man tatsächlich auf die erwartete Website gelangt oder sich vielleicht einen Virus einfängt.

Plug-In:

- Add Meta Tags
- JM Twitter Cards

Dublin Core Optimierung

Beim Dublin Core handelt es sich um einen Standard, um Metadaten bzw. Mikrodaten auf Websites oder in digitalen Dokumenten zu hinterlegen. Dublin Core soll das Auslesen von Metadaten vereinfachen. Vielfach wird Dublin Core in SEO-Kreisen auch als vermeintliches Ranking-Kriterium gehandelt. Bei Tests mit ASE-

OPS des Portals Internet Business Promoter gab es jedoch keine Änderungen bei den Rankingwerten. Der Nutzen von Dublin Core für die Suchmaschinenoptimierung ist umstritten. So ist bisher noch nicht eindeutig belegt worden, ob eine Website mit Core-Elementen besser rankt als eine vergleichbare Domain ohne Metaangaben. Vielmehr ist die Verwendung der Metadaten auf die Zukunft eines *Semantic Web* ausgerichtet, in dem Suchmaschinen derartige Zusatzinformationen sinnvoll auslesen und verwenden können. Unter Semantic Web versteht man die Suche mit ganzen Phrasen und Sätzen. Viele Suchende geben meist ganze Sätze oder Fragen ein und hoffen auf ein passendes Ergebnis. Soweit sind die Suchmaschinen aber noch nicht. Es wird aber in diese Richtung gehen, und dann werden Metaangaben über Mikroformate tatsächlich wichtig. Eine ungefähre Ahnung von der Macht der Zusatzinformationen im Quelltext geben die von Google eingeführten *Rich Snippets*, für deren Anzeige markierte Metaangaben im Quelltext ausgelesen werden.

Plug-Ins:

- Add Meta Tags

In der Realität allerdings können die Angaben zu Dublin Core und Schema.org bereits mit diesem tollen Plug-In gemacht werden. Machen Sie es einfach! Testen Sie davor und danach Ihre Rankingwerte. Schaden kann es nicht!

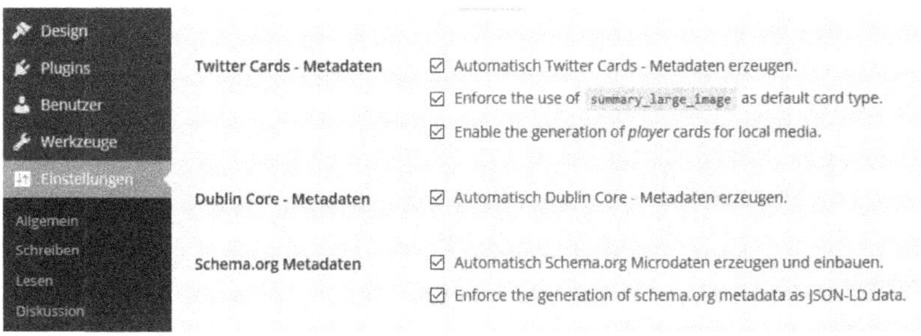

Bild 2.35: Dublin Core/Twittercards und Schema.org vereint im Plug-In *Add Meta Tags*

2.22 Robots.txt

Die Datei *robots.txt* wird von den vielen Spidern und Crawlern der wichtigen Suchmaschinen wie Google, Bing, Yahoo und MSN genutzt, um Regeln und Anweisungen vom Webmaster (also Ihnen) für die Indizierung Ihrer Seite zu erhalten.

Fast alle Suchmaschinen-Robots halten sich an die Regeln in der *robots.txt* und suchen zuerst nach dieser Datei, bevor sie mit dem Indexieren Ihrer Seiten beginnen. Ab und zu hört man aber, dass sich die Suchmaschinen auch über diese Regeln hinwegsetzten und die Seiten oder Dateien trotzdem crawlen. Das ist allerdings nicht unbedingt richtig. Vielmehr liegt es an falschen Angaben in der Datei selbst.

Wozu benötigen Sie die Datei robots.txt?

Im Grunde wird in der Datei festgelegt, welche Daten bzw. welche Pfade auf Ihrer Webseite der Webcrawler durchsuchen darf und welche nicht. Erinnern Sie sich an die Attribute follow/nofollow? In der Datei wird nichts anderes festgelegt, mit dem einen Unterschied, dass der Crawler der Suchmaschine gar nicht erst zu einem Link kommt, weil es von vornherein nicht erlaubt ist.

HINWEIS:

Standardmäßig bringt WordPress keine robots.txt mit. Sie können sie im Root-Verzeichnis der Webseite anlegen oder ein Plug-In dafür verwenden. Das Fehlen einer robots.txt-Datei wird nicht dazu führen, dass Suchmaschinen aufhören, die Webseite zu crawlen und zu indizieren. Allerdings ist es sehr empfehlenswert, dass Sie eine Datei erstellen.

Plug-In:

- Robots.txt File

Und so wird die Datei erstellt:

Installieren Sie das Plug-In über den Menüpunkt *Plug-Ins installieren*. Nach der Installation finden Sie die Einstellungen des Plug-Ins unter *Einstellungen/Lesen*.

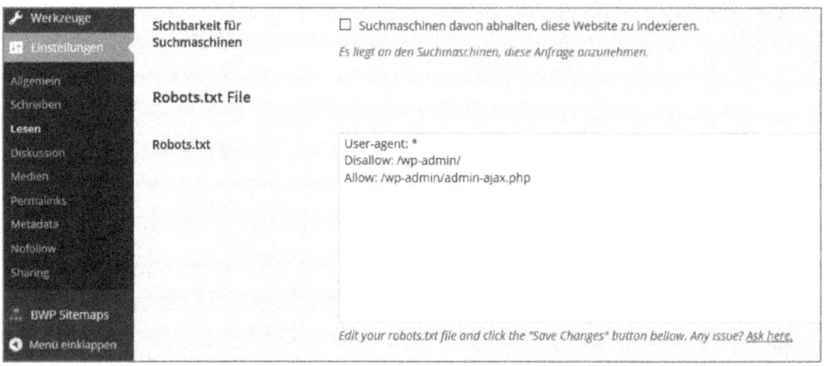

Bild 2.36: Installation des Plug-Ins robots.txt

Dem Crawler ist es mit diesen Einstellungen nicht erlaubt, auf das Verzeichnis des Admin-Logins zuzugreifen. Alle anderen Dateien und Ordner darf der Crawler durchsuchen. Wenn Sie die Datei selbst erstellen oder im Plug-In bearbeiten wollen, hier ein kleiner Leitfaden für die Einträge in der robots.txt.

Falls Sie eine leere Datei haben, muss jede Zeile mit dem Wort *User-agent* und einem Doppelpunkt beginnen. Im Anschluss folgt der Robot-Name, ein Sternchen * erlaubt alle Suchmaschinen und wenn weiter nichts dabeisteht, auch alle Pfade der Webseite.

Beispiel:

User-agent: Googlebot (erlaubt nur den Googlebot)

User-agent: * (erlaubt alle Bots)

Hinter der Angabe des Bot-Namens folgt die eigentliche Regel, die Auflistung der Ordner und Dateien, die aufgenommen oder nicht aufgenommen werden sollen. Dabei muss jeder Ordner und jede Datei in einer eigenen Zeile angegeben werden und mit Disallow oder Allow beginnen, dann folgt ein Doppelpunkt und die Angabe der Datei oder des Ordners.

Beispiel:

Disallow: /noch_in_arbeit/

Disallow: / noch_nicht_besprochen /dokumente/

Disallow: /umfrage.php

Allow: /oeffentlich/

Allow:/portfolio

Alle Audio-Dateien sperren

Disallow: /*.mp4$

Achten Sie darauf, dass Sie den Pfad ohne Domain angeben und immer mit einem Slash („/") beginnen. Ein kompletter Eintrag, der dem Googlebot erlaubt, die ganze Webseite zu indizieren, würde so aussehen:

User-agent: Googlebot

Allow: /

Speichern Sie die Datei unter dem Namen robots.txt ab und kopieren Sie sie in das Root-Verzeichnis Ihrer Webseite.

In den Plug-In-Einstellungen würden die Einträge so aussehen:

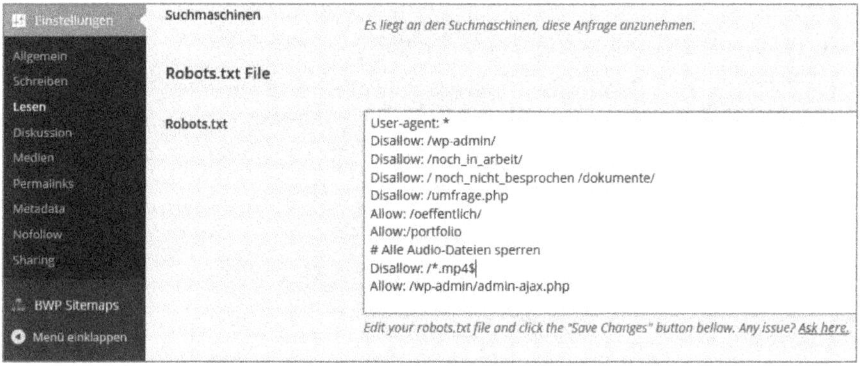

Bild 2.37: Einträge im Plug-In für die robots.txt-Einstellungen

HINWEIS:

Prüfen Sie auf jeden Fall, ob die Datei im richtigen Verzeichnis liegt und die richtigen Einträge beinhaltet.

Was ist der SEO-Effekt beim Einsatz einer robots.txt?

Einen eigentlichen Effekt gibt es nicht, aber der Einsatz einer robots-Datei verschlechtert das Ranking auch nicht. Das Ranking kann aber verschlechtert werden, wenn Sie noch Baustellen auf der Webseite haben, wenn noch unfertige Seiten mit keinem oder falschem Inhalt vorhanden sind. Ein schlechtes Ranking kann auch erzielt werden, wenn Sie Seiten freigeben oder freigegeben haben, die noch nicht kontrolliert worden sind, bei denen die Keywords und der Titel noch nicht stimmen und die Bilder noch fehlen. Da die Crawler der Suchmaschinen auch schlechten oder keinen Content indexieren, führt das möglicherweise zu einer Herabstufung der Seite. Die richtige Anwendung einer robots.txt verschlechtert das Ranking nicht, sondern verhindert eine Abstufung der Seite.

AUSWIRKUNG, AUFWAND UND GEWICHTUNG	
SEO-Gewichtung	wichtig
Umsetzung in WordPress	mittel
Messbarkeit	sofort

2.23 Länderspezifische TLD-Erweiterung

Eine Ländercode-Top-Level-Domain (.cn, .pt, .ca) zu haben hilft beim Ranking der Seite für ein bestimmtes Land, begrenzt aber die Möglichkeiten im globalen Ranking.

TIPP:

Sofern Ihr Shop oder Ihre Webseite mehrsprachig ist, versuchen Sie für jede Sprache die entsprechende Top Level Domain zu nutzen. Erzeugen Sie hierbei aber keinen doppelten Content (siehe auch 2.6 „Schadet doppelter Content (Duplicate Content)?" .

2.24 Das Alter der Domain

Das Alter der Domain spielt eine untergeordnete Rolle. Neue Webseiten werden nicht schlechter gerankt als alte. Dazu macht Matt Cuffs, der SEO-Gott von Google, folgende Aussage:

Das Domainalter wird von Google nicht nach whois-Daten bestimmt, sondern in der Regel danach, wann Google die Seite zuerst gecrawlt bzw. eingehende Links bemerkt hat. Dazu hat das Unternehmen seit 2006 ein Patent angemeldet, erklärt Matt. Der Einfluss des Domainalters auf die Website-Autorität wird laut Matt generell überschätzt. Eine Webseite, die nur wenige Monate alt ist, wird nicht automatisch aufgrund des geringen Alters schlechter ranken. Vielmehr ist es oft so, dass alte Domains über mehr Backlinks verfügen als neue. Das Alter selbst spielt aber eine untergeordnete Rolle.

2.25 HTTPS-Ranking-Faktor

Seit dem letzten Google Update zählt *HTTPS* zu den Ranking-Faktoren. Verwendet eine Webseite ausschließlich das HTTPS-Protokoll, bewertet Google dies positiv, auch wenn das Ranking nur marginal steigt. In der Summe wird die Bewertung der Seite damit angehoben.

HTTPS ermöglicht eine sichere und verschlüsselte Übertragung von Webseitenaktionen. Die Seite gilt damit als sicher. Kunden und Besucher schätzen es, wenn sie im Browser durch das kleine Schloss in der Adresszeile darauf hingewiesen werden, dass das Surfen auf dieser Seite sicher ist. Wie Google HTTPS genau rankt und warum es überhaupt in die Bewertung einfließt, können Sie nachlesen. Geben Sie dazu den Suchbegriff *HTTPS as a ranking signal* in die Suche ein.

AUSWIRKUNG, AUFWAND UND GEWICHTUNG	
SEO-Gewichtung	wichtig
Umsetzung in WordPress	aufwendig
Messbarkeit	dauert eine gewisse Zeit

2.26 Die Usability der Webseite als Ranking-Faktor

Google und Co. legen großen Wert auf eine gut strukturierte Webseite. Navigationsmenüs müssen logisch sein und die Ziele inhaltlich zum Menü passen. Das sinnvolle und einfache Handling aus der Sicht des Besuchers wird Usability genannt. Tote Links und Ziele, die nicht zum Link passen, wirken sich negativ auf das Ranking aus.

In WordPress gibt es die Möglichkeit, die internen Links anzupassen. Ratsam wäre es, die Links so zu bauen, dass ein Keyword enthalten ist. Wenn Sie einen Beitrag oder eine Seite in WordPress erstellen, wird automatisch ein Permalink angelegt. Den können Sie nach dem Anlegen der Seite unterhalb der Überschrift sehen. Wichtiger ist aber: Der Link lässt sich ändern und anpassen.

Wie Sie unten sehen können, ist der Permalink unterhalb der Überschrift *http://seo.redrice.biz/sample-page* nicht gerade aussagekräftig. Er passt inhaltlich nicht zur Überschrift, und eine Verlinkung mit einem Menüpunkt würde Google nichts sagen. Wahrscheinlich kennt Google bereits tausende von */sample*-page-Links und weiß, dass sie von unbearbeiteten WordPress-Permalinks stammen. Von daher stuft Google sie schlecht ein. Schlechte Noten also für die Seite, erstens weil die Seite noch eine Baustelle ist, zweitens weil das Usability noch nicht abgeschlossen ist und drittens weil der Permalink nichts mit dem Inhalt und dem Seitentitel zu tun hat, der ja ebenfalls ein Rankingfaktor ist.

Plug-In:

- Z. B. Yoast SEO

Bild 2.38: Unbearbeiteter Permalink unter der Überschrift

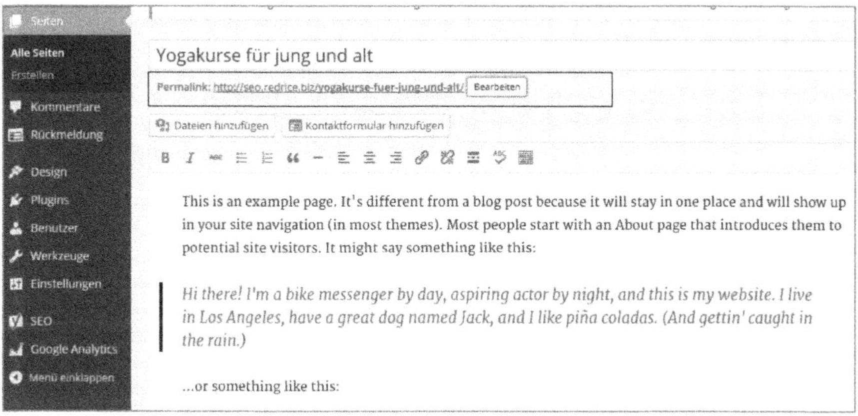

Bild 2.39: Bearbeiteter Permalink unter der Überschrift

AUSWIRKUNG, AUFWAND UND GEWICHTUNG	
SEO-Gewichtung	sehr wichtig
Umsetzung in WordPress	mittel
Messbarkeit	sofort

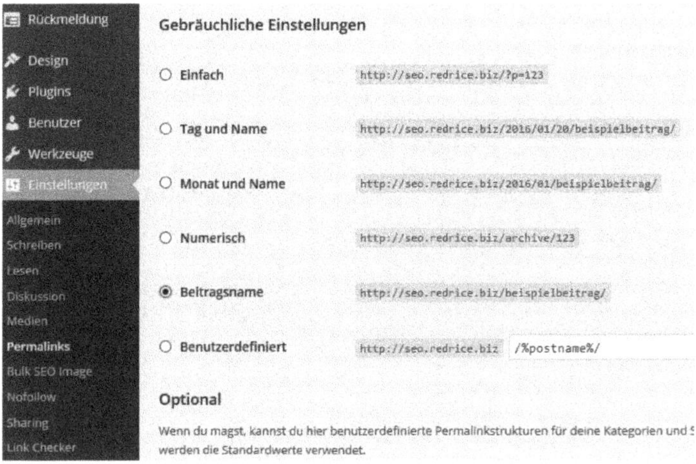

Bild 2.40: Permalink-Einstellungen in WordPress

2.27 Search Engine Friendly URLs

Search Engine Friendly URLs (suchmaschinenfreundliche URLs oder auch SEF URLs) sind für die Bewertung einer Seite wichtig.

Warum? Bei einer reinen HTML-Webseite kann der Crawler bis in die tiefste Ebene eines Links vordringen und alle Werte auslesen und damit indexieren. Bei dynamischen Webseiten wie WordPress werden die internen Links erzeugt und dann in PHP-Form, meist mit Code und Fragezeichen, dargestellt. Das bedeutet, der Suchmaschinen-Crawler beendet seine Suche bei einem Zeichen, das er nicht lesen kann, und indexiert somit nicht alle hierarchischen Ebenen einer Verlinkung. Das führt zu einem schlechten Ranking, weil der Link abrupt endet und nicht alle Informationen darunterliegender Links ausgelesen werden können. Das mag bei einer kleinen Webseite noch in Ordnung sein, ist aber ein No-Go für WordPress-Shops und größere Webseiten. Selbstverständlich kann man WordPress sagen, wie es Links darstellen soll, und es gibt natürlich auch ein Plug-In dafür. Aber zuerst das Vorgehen in WordPress:

Über das Menü *Einstellungen/Permalinks* kommen Sie zu der wichtigen Stelle. Wie im letzten Abschnitt schon beschrieben, ist Usability ein Kriterium für das Ranking, im Zusammenhang mit SEF URLs sogar noch mehr. Wie Sie Permalinks einer Seite ändern, wissen Sie ja bereits. Wie Sie alle Seitenendungen suchmaschinenfreundlich machen, ist einfacher, als Sie vielleicht denken. Es genügt, die Option *Beitragsname* in den Permalinks zu aktivieren. Die Seiten werden anschließend mit dem Namen des Beitrags bzw. der Seite dargestellt, z. B. *http://seo.redrice.biz/yogalehrer.*

HINWEIS

Wenn Sie Permalinks ändern, kann es sein, dass die gewünschten Änderungen nicht sofort wirksam sind. Möglicherweise müssen Sie es nochmals versuchen oder den Cache der WordPress-Seite leeren.

Eine weitere Möglichkeit, mit Permalinks zu arbeiten, ist die Option *Benutzerdefiniert*. Ein Beispiel sehen Sie in der folgenden Abbildung.

TIPP

In `http://seo.redrice.biz/%postname` steht `%postname` für eine Variable, die Sie selbst definieren können. Passen die Inhalte nicht, müssen Sie es nochmals versuchen oder den Cache der WordPress-Seite leeren.

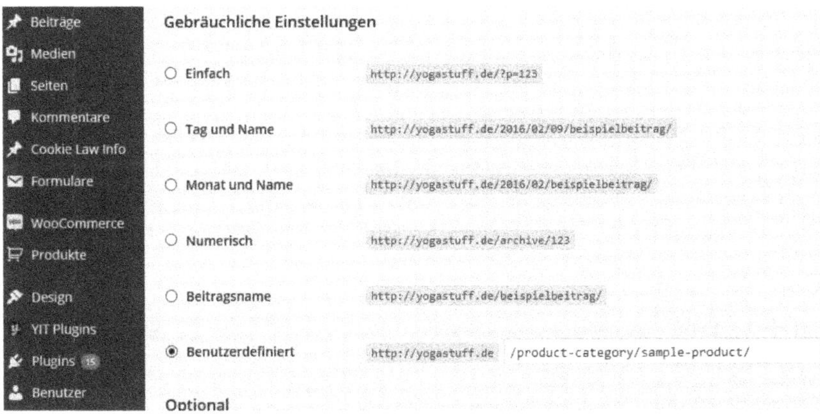

Bild 2.41: SEF-URL-Einstellungen in den Permalinks

Eine weitere Möglichkeit, SEF URLs zu generieren, ist über das Plug-In Yoast SEO. Die Konfigurationsmöglichkeiten finden Sie im Menü *SEO/Permalinks.*

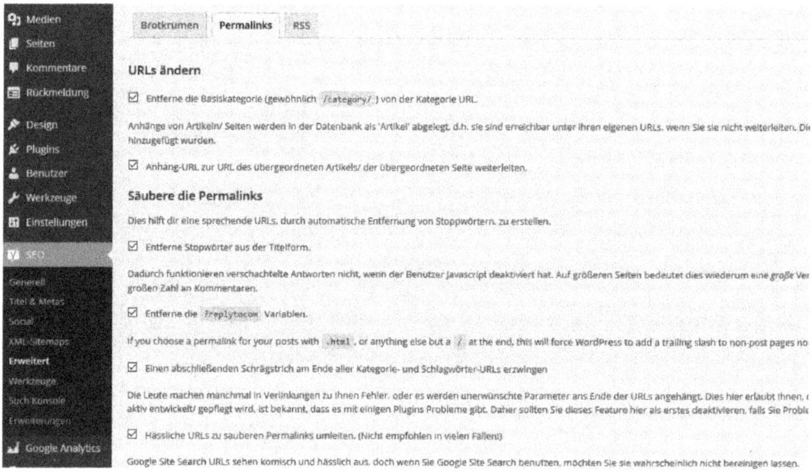

Bild 2.42: SEO URL-Einstellungen in Yoast SEO

Plug-In:

- z. B. Yoast SEO

Einstellungen in Yoast SEO:

Setzen Sie einen Haken bei den Optionen, wie oben im Bild gezeigt und unten beschrieben. Und wieder gilt: Erstellen Sie vorher ein Backup Ihrer Webseite!

Probieren Sie es einfach aus. Setzen Sie, wie im Bild zu sehen ist, einen Haken und testen Sie die Seite auf ihre Rankingbewertung. Setzen Sie einen Haken an anderer Stelle und testen Sie die Seite nochmals. Nicht alle Einstellungen führen automatisch zu einem besseren Ranking, jedoch ist die Angabe suchmaschinenfreundlicher URLs ein Muss für eine WordPress-Seite.

AUSWIRKUNG, AUFWAND UND GEWICHTUNG	
SEO-Gewichtung	sehr wichtig
Umsetzung in WordPress	mittel
Messbarkeit	sofort

2.28 Die Nothelfer — wenn alles nichts nützt

Gehen wir vom allerschlechtesten Fall aus. Jegliches Bemühen und Optimieren hat nichts gebracht, das Ranking hat nur Arbeit verursacht, aber kaum sichtbare Ergebnisse gebracht. Der Hauptgrund dafür ist sehr, sehr wahrscheinlich die Konkurrenz oder dass die Optimierungen noch zu frisch sind. Einige Eingriffe erfordern Zeit. Einträge in Kataloge und Verzeichnisse dauern oft. Manche Optimierungen, wie z. B. die Ladezeit, werden sofort bzw. nach einigen Tagen sichtbar, andere nicht. Sie brauchen auch etwas Geduld bzw. Ihr Kunde braucht etwas Geduld.

Anhand Ranking-Tools, die Ihre Seite bewerten, sehen Sie, wie gut die Seite bewertet wird. Daran sollten Sie auch glauben. Um die Bewertungen rasch weiter in die Höhe zu treiben, wenn Sie nicht warten können, hilft nur noch eines:

Google AdWords

Google AdWords ist der Ranking-Bezahldienst von Google, damit Sie ganz oben in den Treffern stehen. Aber es ist nicht billig, und der Nutzen ist fraglich. Sie bezahlen für jeden Klick einige Euro. Das hängt ganz davon ab, wie stark die Konkurrenz ist. Je höher die Nachfrage nach einem Keyword, desto höher ist auch der Preis. Aber es klappt. In Verbindung mit einer Optimierung kann eine sorgfältig geplante Kampagne regen Besucherzuwachs auf Ihrer WordPress-Seite erzeugen.

Link zu Google AdWords:

www.google.de/adwords

Plug-Ins für WordPress:
Google AdWords Remarketing
WooCommerce AdWords Conversion Tracking

2.29 Sind Landingpages sinnvoll?

Was ist eine *Landingpage*? Der Begriff Landingpage stammt ursprünglich aus dem Englischen und kann frei mit Lande-Seite übersetzt werden. Bitte nicht verwechseln mit einer *Onepage*. Eine Onepage ist ähnlich, dient aber nicht dem Zweck der Promotion einer Dienstleistung oder eines Artikels. Sie ist vielmehr eine ganzheitliche Webseite an einem Stück. Eine Landingpage hingegen dient dem Zweck, einen User praktisch auf der Seite landen zu lassen. Die Landingpage ist eine eigens eingerichtete Webseite, die am Ende einer Weiterleitung stehen kann, was sie aber nicht muss. Klickt ein User beispielweise auf einen Artikel (Produkt oder Promotion) oder einen Eintrag in einer Suchmaschine, wird er automatisch auf die dazugehörige Landingpage weitergeleitet. Die Seite ist dementsprechend für den Werbeträger und dessen Zielgruppe optimiert.

Gerade in WordPress ist der Einsatz von Landingpages sinnvoll, weil es eine große Auswahl an bereits SEO-optimierten Vorlagen (*Templates/Themes*) gibt.

Auf einer konventionellen Unternehmenswebsite hat ein Website-Besucher ein hohes Maß an Wahlfreiheit: Er hat die Auswahl aus vielen unterschiedlichen Links bzw. Sprungmöglichkeiten. Das führt in der Regel nicht zu einer zielgerichteten Anleitung des Besuchers.

Eine dedizierte (einer bestimmten Person oder einem Unternehmen zugeordnete) Landingpage konzentriert sich dagegen ausschließlich auf die Präsentation eines einzigen Angebots. Diese Methode erzeugt die größtmögliche Aufmerksamkeit des Website-Besuchers. Der Vorteil einer *dedizierten Landingpage* ergibt sich aus ihrem naturgemäßen Einsatz: Je präziser die Fokussierung auf ein bestimmtes Angebot erfolgt, umso erfolgreicher ist in der Regel die Erzeugung der gewünschten Konversionen, d. h. aus einem Interessent wird ein Kunde.

Eine Landingpage verfügt über einen sehr reduzierten Funktionsumfang. Während auf einer konventionellen Website viele Unterpunkte zu finden sind, wird z. B. bei einer Landingpage erst gar keine Navigation benötigt. Durch die Reduktion des Umfangs können Landingpages schneller und günstiger erstellt, angepasst und optimiert werden als herkömmliche Unternehmens-Websites, die ja deutlich umfassender sind.

Ergibt sich daraus ein Nutzen für das Ranking?

Aber ja! Die Gründe liegen auf der Hand. Ein Vorteil ist die Webarchitektur bei Landingpages. Sie ist nicht tief verschachtelt und möglicherweise schlecht gewählt, und alle SEO-Richtlinien und Optimierungen können auf einer Seite vorgenommen werden. Für ein Präsentation einer Firma oder eines Produktes bietet sich eine Landingpage insbesondere an, weil direkt und nur für ein Angebot optimiert werden muss.

Ist der Einsatz von mehreren Landingpages sinnvoll?

Auch das kann man bejahen! Für jedes Produkt, für jedes Angebot oder für jede Präsentation können Sie eine eigene Landingpage erstellen.

2.30 SEO-Faktor „Rechtliche Angaben"

Rechtliche Angaben sind Pflicht. Sie können sich auch eine Abmahnung einhandeln, wenn diese fehlen. Rechtliche Pflichtangaben sind Impressum, AGBs, Datenschutzerklärung; bei einem Shop Versand- und Lieferbedingungen, Widerrufsrecht und Batteriehinweise. Aber auch Google straft eine Seite ab, wenn wichtige Informationen im Impressum oder zu Artikeln fehlen. Eine Webseite, die kein Shop ist, benötigt ein Impressum mit den dazugehörigen Daten. Folgende Daten sind Pflicht in einem Impressum:

Impressum
Anbieter:
Max Mustermann
Musterstraße 12
12345 Berlin

Kontakt:
Telefon: 030/12345678
Telefax: 030/12345679
e-Mail: *e-Mail@mustermann.de*
Website: *www.mustermann.de*
##Bei redaktionellen Inhalten zusätzlich:##
Verantwortlich nach § 6 Abs. 2 MDStV

Paul Schreiber
Redakteur „Hardware und Software"
Ahornallee 1
12345 Berlin

##Folgendes muss erwähnt werden, aber nur wenn vorhanden, z. B. bei einem Shop:##
Registergericht: AG Berlin
HRB-Nummer: 54321
Umsatzsteueridentifikationsnummer: 123456789
Nennung des vertretungsberechtigten Geschäftsführers einer GmbH

AUSWIRKUNG, AUFWAND UND GEWICHTUNG	
SEO-Gewichtung	sehr wichtig
Umsetzung in WordPress	leicht
Messbarkeit	auf lange Sicht ein Vorteil

2.31 Ist valides HTML und CSS wichtig?

Gültiges HTML und CSS ist ein Rankingfaktor. Dabei geht es Google und Co. um den sinnvollen Einsatz von modernen Technologien, sprich von *Responsive Design* und vor allem um die Ansichten auf mobilen Geräten. Der Trend geht weg vom reinen Desktop-PC und verlagert sich immer mehr in Richtung mobile Endgeräte. Eine moderne Seite mit richtigem Code wird höher bewertet als eine Seite, die das nicht hat. Auch in diesem Fall ist ein WordPress-Besitzer im Vorteil. Seit der WordPress-Version 4.x ist WordPress responsive. Wenn Sie zusätzlich das Plug-In Jetpack verwenden, können sogar weitere Einstellungen vorgenommen werden.

Wie lässt sich die Seite auf ihre Gültigkeit in Sachen CSS und HTML prüfen?

Verwenden Sie zur Prüfung entweder ein SEO-Tool (Beispiel ASEOPS) oder eine HTML-Validator-Webseite. Die Wertigkeit des Rankingfaktors ist nicht sehr hoch, macht aber in der Masse doch einiges aus. Die Seite Yogastuff.de weist z. B. sehr viele Validierungsfehler auf, die für die Bewertung sehr wichtig sind, da es sich nicht um vereinzelte Fehler, sondern um eine große Anzahl sehr schlecht bewerteter Seiten handelt.

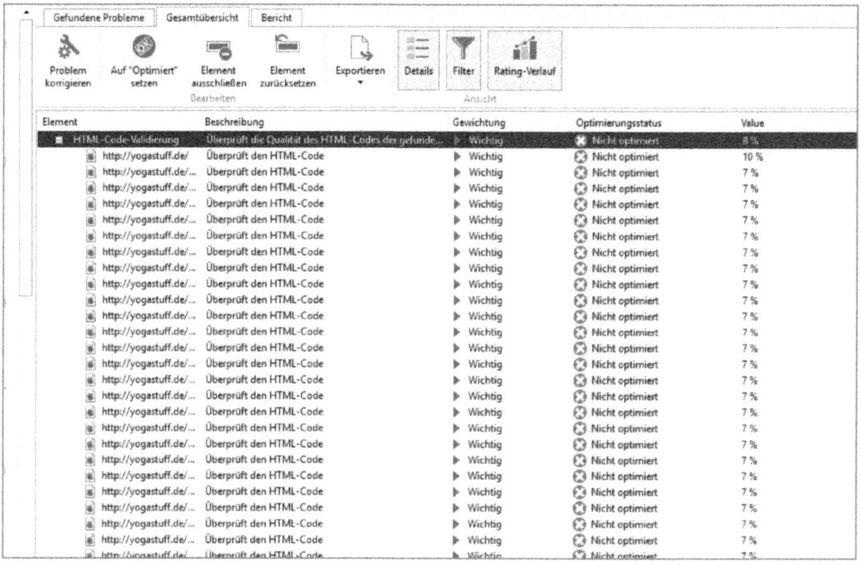

Bild 2.43: HTML-Validierung

2.32 Das Canonical Tag

Das Canonical Tag ist eine Angabe im Quellcode einer Website. Es verweist auf eine Standardressource – eine kanonische URL – bei Websites mit gleichen oder fast gleichen Inhalten. Wird eine kanonische URL korrekt ausgezeichnet, wird nur diese Quelle zur Indexierung der Suchmaschinen herangezogen. Suchmaschinen bewerten echten Duplicate Content negativ, da er keinen Mehrwert für den Internetnutzer bietet, sondern eher auf wenig Professionalität hindeutet.

In WordPress können Sie Canonical URLs für jede Seite, jeden Beitrag und jedes Produkt einfügen, solange Sie das Plug-In Yoast SEO installiert haben. Dazu rate ich Ihnen ja sowieso. Sie erreichen das Eingabefeld, indem Sie auf das Zahnrad klicken. Die ursprüngliche URL lautete so:

```
http://organic.yogastuff.de/produkt/voyager-matte-16-1-6mm-68-173cm
```

Diese wurde geändert auf die verkürzte Form:

```
http://organic.yogastuff.de/voyager-yoga-matte
```

Da in der neuen URL *produkt/voyager-matte-16-1-6mm-68-173cm* wegfallen, verweist die URL nun direkt auf den Artikel.

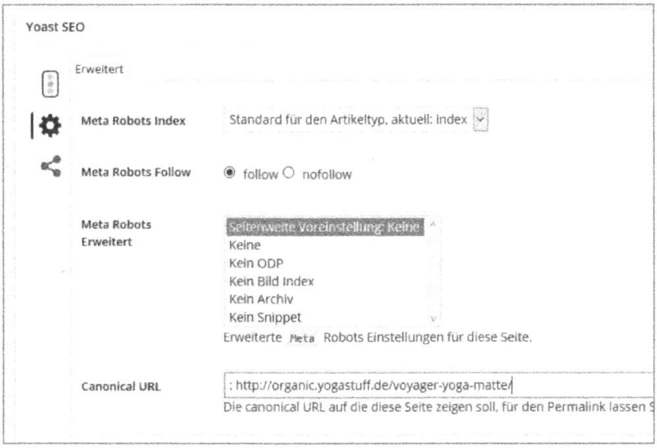

Bild 2.44: Canonical URL in SEO Yoast SEO

AUSWIRKUNG, AUFWAND UND GEWICHTUNG	
SEO-Gewichtung	sehr wichtig
Umsetzung in WordPress	aufwendig
Messbarkeit	auf lange Sicht ein Vorteil

2.33 Kontrolle und Checkliste

Die folgende Checkliste ist die ultimative Liste in Sachen SEO. Die Liste wird auch von großen Agenturen verwendet und gilt als die Musterliste schlechthin. Aufgrund der vorherigen Abschnitte im Buch müssten Sie in der Lage sein, den größten Teil der Checks zu prüfen. Nicht alle Punkte bedürfen eines Kommentars. Manche Punkte sind selbstredend. Konzentrieren Sie sich auf die Punkte, die machbar sind. Die Checkliste finden Sie auch als Download unter *www.buch.cd*.

Checkliste Allgemeines

Prüfen Sie in diesem Abschnitt zunächst allgemeine Themen zu Ihrer Website. Prüfen Sie am besten gleich mit einem SEO-Tool.

1. Kann mein Internetauftritt nur mit oder ohne www aufgerufen werden und nicht sowohl als auch?
   Die Prüfung erfolgt durch die Eingabe der Adresse im Browser
2. Wird meine Website schnell genug geladen?
   Prüfung der Ladezeiten mit Google PageSpeed. Liegen Ladezeitenprobleme vor? Bitte die Fehlerbeschreibung auf PageSpeed beachten und die Fehler möglichst ausbessern.
3. Kann Google alle Seiten meines Internetauftritts indexieren?
   Wie teste ich das denn? Über das Plug-In Yoast SEO! Eine sehr wichtige Prüfung. Klappt diese Prüfung nicht, muss der Fehler zuerst gefunden und behoben werden.
4. Wird das Canonical Tag verwendet, damit Seiten mit Pagination, Blättern usw. nicht mehr zu doppeltem Content führen können?
   Installation von Yoast SEO und Prüfen der Seiten auf Canonical Tags.
5. Gibt es eine Sitemap und wurde sie in den Webmaster Tools hochgeladen?
   Die Prüfung, ob die Sitemap eingebunden ist, erfolgt durch Google Analytics. Falls nicht, erstellen Sie bitte eine und laden sie hoch.
6. Sind meine Kontaktdaten auf allen Seiten leicht zu finden?
   Rechtliche Hinweise sind wichtig. Prüfen Sie, ob ein Impressum und alle anderen rechtlichen Texte vorhanden sind.

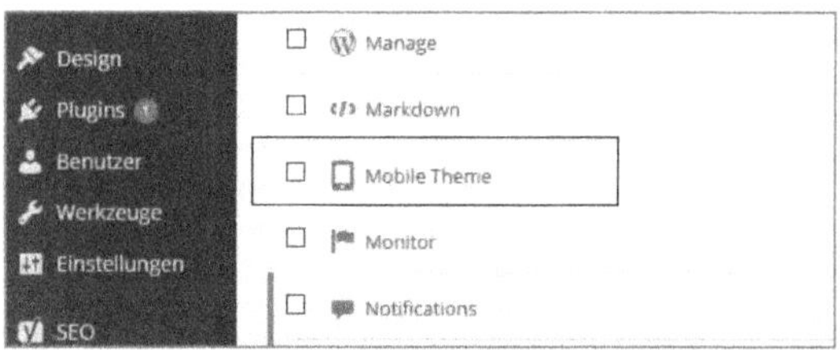

Bild 2.45: Aktivierung der Mobile-Theme-Einstellungen in Jetpack

7. Ist mein Internetauftritt responsive, also für mobile Endgeräte angepasst?
   Prüfen Sie die Webseite auf allen mobilen Geräten, die Sie in die Finger bekommen können, auf die Sichtbarkeit der Designelemente.
   Das Plug-In Jetpack bietet die Möglichkeit, auch nicht mobiloptimierte Geräte

responsive darzustellen. Gehen Sie hierzu auf das Menü *Einstellungen/Mobile Theme* und aktivieren Sie es.

8. Lassen sich auch Formulare mit mobilen Endgeräten einfach bedienen?
   Der Test erfolgt über ein mobiles Endgerät. Was ist zu tun, wenn kein Formular aufrufbar ist? Möglicherweise ist das Textfeld falsch formatiert. Der Name des Feldes muss phone oder ähnlich lauten. Versuchen Sie es, indem Sie in Jetpack auf die mobile Version umschalten. Klicken Sie dazu auf das Menü *Jetpack/ Einstellungen/Mobile Theme*. Anschließend prüfen Sie die Ansicht auf einem Handy oder Tablet erneut.

9. Ist meine Rufnummer auf mobilen Endgeräten direkt anwählbar?
   Der Test erfolgt natürlich über ein mobiles Endgerät. Wie unter (8.) bitte auf *Mobile Theme* umschalten.

10. Halte ich Links als Schaltflächen zu den wichtigsten Inhalten bereit, damit mobile Nutzer diese leichter bedienen können?

11. Funktionieren alle Links auf meiner Website?
    Testen Sie dies mit dem Plug-In Broken Link Checker und leiten Sie die Links gegebenenfalls um oder erstellen Sie eine Routine, wie mit Broken Links umzugehen ist. Fehlerhafte Links (404-Meldungen) können Sie mit dem Plug-In *redirection* bearbeiten. Im Fall der Fälle wird eine fehlerhafte Seite auf eine andere weitergeleitet.

12. Gibt es eine 301-Weiterleitung, wenn Inhalte zu einer anderen URL umgezogen sind?
    Bitte mit Broken Link Checker prüfen und gegebenenfalls umleiten.

13. Achte ich darauf, dass Besucher nicht unnötig auf eine 404-Seite auf meiner Website geleitet werden?
    Siehe Plug-In „Redirection“.

14. Entsprechen das HTML und das CSS modernen Standards nach W3C?

Checkliste Suchbegriffe

In diesem Bereich dreht sich alles rund um Ihre Suchbegriffe. Prüfen Sie, ob Sie alle Optionen zur Optimierung ausgeschöpft haben.

1. Ist auf meinen Seiten immer mindestens eine H1-Überschrift enthalten?

Geben Sie Überschriften eine H-Formatierung. Die Überschriften der Beiträge und der Seiten stehen automatisch in einem H-Tag. Überschriften, die Sie selbst als Inhalte einfügen, müssen Sie selbst formatieren.

Beispiel:

<h2>Yogakurse für Kinder</h2>
<h2>Yoga – kaufen sie vegan bei uns ein</h2>
<h2>Yoga für Senioren</h2>
<h2>Yoga – eine kurze Einführung</h2>

❷ Gibt es für jede Unterseite einen einzigartigen Titel?

Denken Sie daran, in jeden Titel ein Keyword zu packen.

❸ Gibt es für jede Unterseite einen einzigartigen Beschreibungstext?

Sehr wichtig bei Shops: Betonen Sie Ihre Einzigartigkeit, denn Sie sind der Blogger bzw. der Verkäufer. Achten Sie darauf, dass das Keyword im Beschreibungstext vorkommt.

❹ Liegt der Fokus bei jeder Unterseite auf jeweils einem festgelegten Suchbegriff?

❺ Ist der Suchbegriff bei jeder Unterseite in der Hauptüberschrift enthalten?

❻ Ist der Suchbegriff bei jeder Unterseite im ersten Abschnitt enthalten?

❼ Ist der Suchbegriff im Dateinamen meiner Bilder enthalten?

Wenn das Keyword im Titel und im Beschreibungstext vorhanden ist, wird der Titel zum Namen des Bildes auf der Seite. Dazu verwenden Sie das Plug-In *SEO Image Tags*.

❽ Wird bei Bildern ein Titel verwendet und enthält dieser den Suchbegriff?

Siehe SEO Image Tags.

❾ Wird bei Bildern ein alternativer Text verwendet und enthält dieser den Suchbegriff?

Neben der Möglichkeit, das Plug-In SEO Images Tags für Sie arbeiten zu lassen, können Sie auch selbst Alternativtext eingeben. Das Beschreibungsfeld füllt das Plug-In SEO Image Tags nicht aus. Beides, der Alternativtext und die Beschreibung, sind wichtige SEO-relevante Angaben. Investieren Sie etwas Zeit dafür.

❿ Gibt es zu meinen Bildern eine Beschreibung und enthält diese den Suchbegriff?

In der Beschreibung für ein Bild sollte ein Keyword enthalten sein.

⓫ Ist der Titel zu meinen Bildern jeweils einzigartig?

Siehe Punkt (9.)

Bild 2.46: Angabe von zusätzlichem Text in den Bildeigenschaften

⓬ Ist der alternative Text zu meinen Bildern jeweils einzigartig?

Siehe Punkt (9.)

⓭ Ist der beschreibende Text zu meinen Bildern jeweils einzigartig?

Siehe Punkt (9.)

⓮ Sind Bilder, die nur zu Designzwecken verwendet werden, mit einem leeren ALT-Attribut ausgezeichnet?

Siehe Punkt (9.)

Checkliste Zielgruppe

Nur wenn Sie Ihre Ziele und Zielgruppe genau kennen, werden Sie auf Dauer erfolgreich sein. Passt mein Angebot zur Zielgruppe? Sind die Texte und die Anrede passend für mein Publikum?

❶ Bin ich mir genau darüber im Klaren, welche Ziele ich mit meiner Website verfolge?

❷ Habe ich diese Ziele quantitativ und somit messbar definiert?

❸ Weiß ich genau, mit welcher Zielgruppe ich es zu tun habe?

❹ Habe ich das Verhalten dieser Zielgruppe analysiert?

❺ Ist mein Internetauftritt auf diese Zielgruppe optimiert und steht sie im Einklang mit meinen Zielen?

6. Nutze ich Mittel, mit denen ich prüfe, ob und in welchem Maße meine Ziele erreicht werden?

Checkliste Backlinks

Auch heute noch sind Backlinks ein wichtiges Signal für Google und zeigen an, wie wichtig Ihr Internetauftritt ist.

1. Nehme ich aktiv Einfluss auf die Entwicklung von Backlinks zu meiner Website?
2. Gibt es Backlinks von externen Seiten, die auch meine wichtigsten Themen behandeln?
3. Verlinken externe Seiten auf thematisch passende Unterseiten, oder wird immer nur auf meine Startseite verlinkt?
4. Befinden sich diese Backlinks im Haupttext der linkgebenden Seiten?
5. Prüfe ich die Art der Backlinks und erkläre sie im Disavow-Tool von Google gegebenenfalls für ungültig, damit meine Website nicht abgewertet wird?
6. Gibt es auch Nofollow-Links zu meiner Website?

Siehe den Abschnitt 2.12 „Was ist Follow/NoFollow?".

Checkliste Besucherverhalten

1. Analysieren Sie, inwieweit Sie darüber informiert sind, wie sich Besucher auf Ihrer Website verhalten.

Verwenden Sie Google Analytics, um das Besucherverhalten zu verstehen. Mehr zu Google in Kapitel 6.

2. Gibt es auf meinem Internetauftritt eine Suchmaske?

Standardmäßig ist in WordPress eine Suche integriert.

3. Weiß ich, welche Seiten von meinen Besuchern am häufigsten aufgerufen werden, und warum das so ist?

Mehr zu Google in Kapitel 6.

4. Weiß ich, von welchen Seiten meine Besucher am häufigsten abspringen, und warum sie das tun?

Mehr zu Google in Kapitel 6.

5. Weiß ich, auf welchen Seiten sich meine Besucher am längsten aufhalten, und warum sie das tun?

Siehe Google Analytics in Kapitel 6.

Checkliste Empfehlungen

❶ Profitieren Sie von Empfehlungen zu Ihrem Unternehmen im Netz und prüfen Sie, wo noch Optimierungsbedarf besteht.

❷ Weiß ich, wie über mein Unternehmen im Netz gesprochen wird?

Durchsuchen Sie das Internet nach Ihrem Unternehmen auf schlechte Kritik. Falls Sie fündig werden, versuchen Sie zu schlichten und lassen Sie die Kritik entfernen.

❸ Kenne ich die Bewertungsportale, in denen mein Unternehmen vertreten ist?

Die Antwort können nur Sie liefern.

❹ Ist mir die Bedeutung von Bewertungsportalen unter SEO-Aspekten bewusst?

Bewertungsportale und Webverzeichnisse, Kataloge und Verkaufsplattformen sind Quellen für gute Backlinks.

❺ Habe ich die einzelnen Auftritte in Bewertungsportalen zu meinem Unternehmen beansprucht, damit ich ...

a) ... diese Auftritte mit relevanten Informationen anreichern kann (Bilder, relevante Suchbegriffe, Hinweise, Tipps usw.)?

b) ... bei Bedarf rechtzeitig auf Kommentare reagieren kann?

❻ Verfolge ich eine Strategie, wie ich Nutzer dazu bewegen kann, Bewertungen über mein Unternehmen abzugeben?

❼ Informiere ich meine potenziellen Kunden über neue Bewertungen?

❽ Sind die Einträge zu meinem Unternehmen in den für mich wichtigsten Bewertungsportalen in meinen Internetauftritt eingebunden?

Checkliste Inhalte

Inhalte sind das Herzstück Ihres Internetauftritts. Mit diesen Fragen klären Sie, ob Ihre Inhalte einzigartig und optimiert sind:

❶ Liefert mein Internetauftritt genau die richtigen Antworten für meine Besucher?

Natürlich ist der Punkt selbstverständlich, hängt aber sehr stark von der Webseite selbst ab.

❷ Kann ich davon ausgehen, dass ein neuer Besucher direkt weiß, womit er es auf meiner Website zu tun hat?

❸ Publiziere ich regelmäßig neue Inhalte zu meinen wichtigsten Suchbegriffen?

4 Plane ich neue Inhalte über einen Redaktionsplan, damit ich genau weiß, wann welche Inhalte am besten publiziert werden?

5 Gibt es für alle wichtigen Suchbegriffe eine passende Seite mit Verlinkung in der Navigation?

6 Sind meine Texte einzigartig und liefern sie Mehrwert für meine Besucher?

Kopieren Sie keine Texte von anderen Seiten. Schreiben Sie selbst und bleiben Sie der Autor Ihres Inhalts.

7 Sind meine Texte auf die Sprache meiner Zielgruppe abgestimmt?

Wählen Sie ausschließlich die „Du"-Form oder die „Sie"-Form für die Elemente Ihrer Webseite und Ihren Text. WordPress kann entsprechend einstellen. Unter *Einstellungen/Allgemein* können Sie die Umstellung vornehmen.

Bieten Sie Text auch für Leser in einem anderem Land in einer anderen Sprache an? Verwenden Sie dazu das Plug-In hreflang oder installieren Sie ein Sprachen-Plug-In wie WPML oder Polylang. Letzteres ist kostenlos.

9 Konzentrieren sich meine Texte jeweils auf ein wichtiges Keyword?

Tatsächlich liegt der Fokus auf einem einzigen Keyword. In Yoast SEO können Sie ein Keyword festlegen und mit den Begriffen spielen und sie ausprobieren. Ein Keyword ist nur dann sinnvoll, wenn auch genug Inhalt da ist. Das Keyword bezieht sich zum einen auf den Titel und zum anderen auf die Beschreibung der Webseite.

10 Verweise ich in meinen Texten auf weiterführende Informationen, indem ich sie intern miteinander verlinke?

11 Verweise ich in meinen Texten auf weiterführende Informationen und verlinke dazu auch zu externen Webseiten?

12 Achte ich in meinen Texten darauf, dass ich für Menschen schreibe und nicht nur für Suchmaschinen?

13 Biete ich meinen Besuchern Anreize, meine Website erneut zu besuchen?

14 Erstelle ich Inhalte, z. B. Infografiken, die meine Besucher animieren, sie mit anderen zu teilen?

Eine gute Idee. Versuchen Sie Social-Media-Teilen-Schaltflächen auf jede wichtige Seite zu platzieren.

15 Verwende ich einzelne Bilder mehrfach auf meiner Website, um damit ihre Bedeutung zu unterstreichen?

⑯ Achte ich darauf, dass mein Suchbegriff nicht zu oft auf einer Seite vorkommt?

⑰ Weiß ich überhaupt, welche Inhalte die Besucher meiner Website interessieren?

Das ist messbar mit Google Analytics.

Checkliste Social Media

❶ Interaktionen zu Ihrem Unternehmen über Social Media werden als Korrelation zur Sichtbarkeit in Suchergebnissen gewertet.

❷ Lassen sich meine Ziele durch den Einsatz von Social Media verwirklichen?

❸ Weiß ich, in welchen Social Media sich meine Zielgruppe aufhält?

❹ Bin ich mit einem eigenen Auftritt in den Social Media vertreten, in denen sich auch meine Zielgruppe aufhält?

❺ Nutze ich einen eigenen Google-Kanal und achte ich auf die speziellen Möglichkeiten, die mir YouTube im Hinblick auf SEO bietet?

❻ Enthalten meine Auftritte in Social Media alle relevanten Angaben zu meinem Unternehmen?

❼ Sind in den relevanten Angaben auch meine wichtigsten Suchbegriffe enthalten?

❽ Ist die Schreibweise zu meinem Unternehmen überall identisch?

❾ Verfolge ich eine Strategie zum Bespielen der einzelnen Kanäle und nutze ich dabei die für mich wichtigsten Suchbegriffe?

❿ Nutze ich Hashtags im Umgang mit Social Media zu wichtigen Suchbegriffen, um damit die Sichtbarkeit zu erhöhen?

Siehe den Abschnitt „4.7 Hashtags“ ab Seite 131.

⓫ Sind meine Social-Media-Auftritte auf meiner Website gut sichtbar platziert?

Social-Media-Plug-Ins für WordPress und WooCommerce bieten in der Regel eine bestimmte Position im Theme an. Sehr einfach zu konfigurieren.

⓬ Sind sie so platziert, dass Besucher animiert werden, meinen Auftritten in Social Media zu folgen?

⓭ Teile ich Inhalte von meiner Website mit meinen Auftritten in Social Media und nutze ich für jeden Kanal eine jeweils passende Ansprache?

⓮ Sind die Inhalte auf meiner Website so aufbereitet, dass meine Besucher motiviert werden, mit ihnen zu interagieren und sie mit ihrem Umfeld in Social Media zu teilen?

Checkliste Lokale Websites

❶ Gerade für lokale Websites ist es von besonderer Bedeutung, dass sie in verschiedenen Ortsverzeichnissen und Plattformen gefunden werden.

Was ist ein Ortsverzeichnis? Zum Beispiel die Gelben Seiten. Sie können Ihre Webseite dort eintragen lassen. Diese Dienste sind wahrscheinlich nicht kostenlos.

❷ Sind der Ort und die Postleitzahl auf allen Seiten meines Internetauftritts angegeben?

Vernachlässigen Sie nicht das Impressum und andere rechtliche Aspekte. Unter Umständen werden Sie abgemahnt. Platzieren Sie Ihre Kontaktdaten auf der Seite ruhig häufiger.

❸ Sind auf meiner Website Öffnungszeiten angegeben und sind diese einfach zu finden?

Geben Sie Öffnungszeiten gegebenenfalls auch im Impressum an.

❹ Wird meine Website unter Angabe des Ortes und des wichtigsten Suchbegriffes bei Google gefunden?

Voraussetzung ist ein Google+-Konto und die Einrichtung von Google Places.

❺ Landet meine Website unter Angabe des Ortes und des wichtigsten Suchbegriffes auf den vorderen Plätzen bei Google?

Voraussetzung ist ein Google+-Konto und die Einrichtung von Google Places.

❻ Wird meine Website zu lokalen Suchanfragen in der One-Box auf der Startseite angezeigt?

Die One-Box ist das kleine Fenster rechts neben den Suchergebnissen. Überprüfen Sie gegebenenfalls die Einrichtung von Google Places

❼ Bin ich mit meinem Internetauftritt in lokalen Verzeichnissen und Plattformen vertreten, die eine lokale Suche anbieten? (z. B. Facebook-Orte, Google-Local, Yelp usw.)

Haben Sie die Webseite in alle wichtigen Kataloge und Verzeichnisse eingetragen?

❽ Beinhalten die Auftritte in diesen Plattformen alle relevanten Angaben zu meinem Geschäft? (z. B. Öffnungszeiten, Anschrift, spezielle Angebote usw.).

Siehe „2.32 SEO-Faktor „Rechtliche Angaben““ ab Seite 92.

Checkliste Rechtliche Aspekte

❶ Zwar stehen rechtliche Aspekte nicht in direktem Zusammenhang mit SEO. Doch lohnt sich der Check, zumal die Einhaltung von Vorgaben für Vertrauen bei Ihren Besuchern sorgt.

Rechtliche Texte und Funktionen (vor allem bei Shops) in regelmäßigen Abständen prüfen.

❷ Befindet sich auf meiner Website ein Impressum, das von allen Unterseiten nach spätestens zwei Klicks aufgerufen werden kann?

Platzieren Sie den Link zum Impressum auf der Startseite, am besten unten im Footer.

❸ Beinhaltet das Impressum alle relevanten Angaben inklusive der für meine Branche speziell vorgeschriebenen Informationen?

Siehe „2.32 SEO-Faktor „Rechtliche Angaben““ ab Seite 92.

❹ Gibt es eine eigene Seite für die Datenschutzerklärung?

Siehe „2.32 SEO-Faktor „Rechtliche Angaben““ ab Seite 92.

❺ Weiß ich, ob in der Datenschutzerklärung alle relevanten Informationen enthalten sind?

Orientieren Sie sich an anderen ähnlichen Webseiten oder suchen Sie im Internet nach einer Lösung dafür. Um ganz sicherzugehen, konsultieren Sie einen Anwalt. Rechtliche Texte werden auch für wenig Geld im Internet angeboten.

❻ Verfüge ich über die Rechte an den auf meiner Website verwendeten Bildern?

Ein ganz wichtiges Thema. Verwenden Sie auf keinen Fall Bilder von anderen. Nehmen Sie etwas Geld in die Hand und werden Sie Kunde bei Fotolia oder einem ähnlichen Anbieter.

❼ Verfüge ich über Social-Media-Lizenzen für Bilder, damit ich diese auch in meinen Social-Media-Auftritten verwenden darf?

Diesen Punkt können Sie abhaken, wenn alle Bilder in Ordnung sind.

❽ Halte ich mich regelmäßig über die aktuelle Rechtsprechung auf dem Laufenden?

Auch dafür gibt es Plug-Ins und Dienste, allesamt nicht billig. Achten Sie einfach auf die neuesten Meldungen im Dashboard oder auf der deutschen WordPress-Webseite.

3 SUCHMASCHINENOPTIMIERUNG FÜR SHOPS

Unterscheidet sich die Suchmaschinenoptimierung für einen Shop von der einer herkömmlichen Webseite? Nein, im Wesentlichen nicht. Gerne können Sie auf die in Kapitel 2 beschriebenen Tipps für WordPress-Webseiten zurückgreifen, sie behalten auch bei *WordPress WooCommerce* (den Shops in WordPress) ihre Gültigkeit. Für die Optimierung von WooCommerce empfehle ich Ihnen drei kostenlose Plug-Ins, die Sie in jedem Fall verwenden sollten. Darüber hinaus gibt es Plug-Ins, die für die jeweilige Optimierung von Nutzen sind. Die meisten davon sind kostenfrei erhältlich.

Empfohlene Plug-Ins:

- Yoast SEO (Yoast SEO für WooCommerce ist nicht nötig und kostenpflichtig)
- Jetpack für WordPress
- Google Analytics Plug-In

Im Normalfall unterscheiden sich die Prioritäten eines Webshops und die einer Webseite erheblich. Mit dem Webshop möchten Sie Geld verdienen, mit einer Webseite vielleicht eher bekannt werden. In einem Durchschnittsshop haben Sie es mit einer Zahl von 200 bis 1500 Artikeln zu tun. Da es ratsam ist, jeden Artikel einzeln zu bearbeiten bzw. zu optimieren, stecken in der Artikelanzahl der eigentliche Aufwand und auch das eigentliche Hindernis. Viele Shop-Anbieter optimieren Ihre Artikel daher nicht einzeln, weil der Aufwand einfach zu groß ist. Sie können Ihre Konkurrenten bereits durch das Optimieren aller einzelnen Artikel schlagen. Wenn Sie neu auf dem Markt sind, können Sie sich durch ein geschicktes Optimieren der Artikel und der Inhaltsseiten locker Anteile von anderen schnappen.

Wenn Sie alle hier vorgestellten SEO-Maßnahmen anwenden, werden Sie mit Sicherheit besser bewertet werden als vor der Optimierung. Messen Sie mit den vorgestellten Tools das Ranking Ihres Shops vor der Optimierung und am Ende der Maßnahmen (oder auch zwischendurch). Messen Sie Ihre Seite in regelmäßigen Abständen immer wieder und verbessern Sie kontinuierlich den Shop, damit Sie der Konkurrenz voraus sind.

3.1 Title-Tags — Keywords für Kategorien und Produkte

Schlüsselwörter sind sehr wichtig und sollten im Titel der Seite stehen, das ist in WooCommerce wie auf normalen Blogseiten das gleiche Prinzip. Jeder Artikel bzw. jeder Artikelname ist eine Überschrift, also ein Titel.

Auf SEO-optimierten WordPress-Themes wird der *Title-* oder *H1*-Tag der jeweiligen Seite mit dem Titel jeder Seite oder des Beitrags oder des Artikels in Verbindung gebracht. Das bedeutet, der Titel einer Artikelseite ist gleichzeitig das Schlüsselwort für die Suchmaschinen, um den Artikel zu listen und zu bewerten. Es ist wichtig, den gesamten Artikelnamen, zumindest als Stichwort im Titel, festzuhalten.

Beispiel: Wenn Sie das Produkt *Power Yoga mit Bryan Kest* auf Ihrer WooCommerce-Website verkaufen, sollten Sie sicherstellen, dass dieser Text im Produkt-Titel enthalten ist. Das Plug-In *Yoast SEO* hilft Ihnen beim Umsetzen. Über ein Ampelsystem überprüft Yoast SEO die Titel-Qualität für die Suchmaschinen.

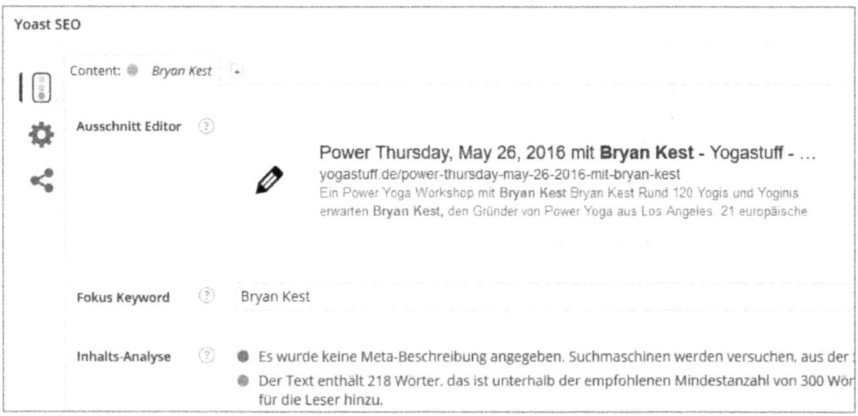

Bild 3.1: Festlegen der Schlüsselwörter in Yoast SEO

AUSWIRKUNG, AUFWAND UND GEWICHTUNG	
SEO-Gewichtung	sehr wichtig
Umsetzung in WordPress	mittel
Messbarkeit	sofort

3.2 Suchmaschinenfreundliche URLs

Um das Ranking zu verbessern, eignen sich dynamisch erzeugte Artikelseiten nicht sehr gut. Der Grund ist einfach. Die URLs von dynamischen Seiten sehen meist so aus: `http://yogastuff.de/?p=123`. Für Suchmaschinen ist das zwar lesbar, doch wichtige Informationen enthält der Link nicht.

Durch das Verwenden von SEO-URLs werden der URL die Kategorie und der Artikelname übergeben. Der nun gut lesbare Link folgt diesem Schema:

http://yogastuff.de/shop/yoga-kleidung/damen/tanks/buddha-eye-coachella-tank-black

Um diese Art der Darstellung für die Links zu erhalten, muss die Permalinkstruktur angepasst werden. Unter dem Menüpunkt *Einstellungen/Permalinks/Gebräuchliche Einstellungen* sehen Sie ganz unten die Option *Benutzerdefiniert.* Dort geben Sie ins freie Feld */product-category/sample-product/* ein (mit einem Schrägstrich vor dem ersten Wort). Danach speichern Sie dies bitte ab. Ab jetzt werden die Links zu Ihren Artikeln mit den dazugehörenden Kategorien an die Suchmaschinen übergeben.

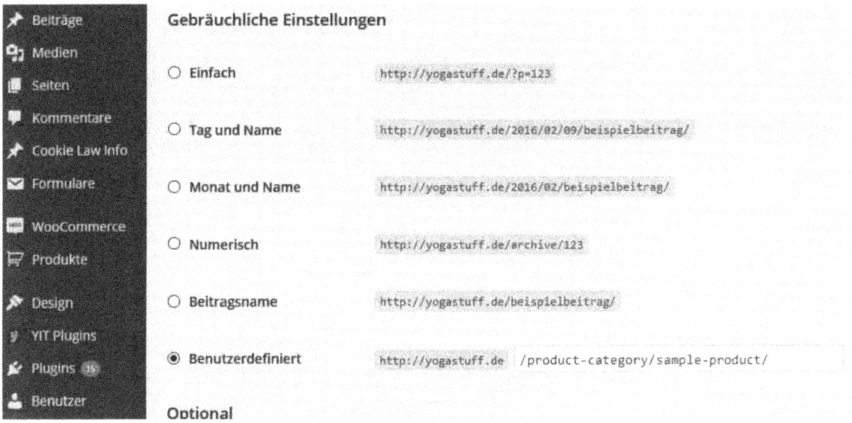

Bild 3.2: Anlegen einer SEO-Struktur für die Permalinks

AUSWIRKUNG, AUFWAND UND GEWICHTUNG	
SEO-Gewichtung	sehr wichtig
Umsetzung in WordPress	leicht
Messbarkeit	sofort

3.3 Die Seitenladegeschwindigkeit optimieren

Die Seitenladegeschwindigkeit einer Webseite ist ein sehr wichtiges Kriterium. Langsame Ladezeiten führen zu Frust bei den Besuchern und damit zu hohen Absprungraten. Die Verweildauer auf der Webseite ist aber ein Ranking-Kriterium für Google.

Überlegen Sie bitte und denken Sie vielleicht zurück, wie es war, als Sie das letzte Mal in einem Lebensmittelgeschäft ungeduldig an der Kasse warteten, um Ihre Einkäufe zu bezahlen. Es macht einen nervös, man sucht nach Lösungen, nach einer freien Kasse. Das Web funktioniert auf die gleiche Weise.

Je mehr Zeit – und wir reden von Sekundenbruchteilen – ein Benutzer Ihrer Seite an seinem Computer oder Handy warten muss, desto unwahrscheinlicher wird sein Kauf in Ihrem Webshop.

Achten Sie darauf, dass Ihre WordPress-Themes und die Plug-Ins schnell geladen werden. Achten Sie außerdem darauf, dass sie einen schnellen Anbieter haben, und deaktivieren Sie nicht benötigte Plug-Ins.

Google stellt dafür ein passendes Tool zur Verfügung. Mit diesem Tool können Sie die Ladezeiten der Seite messen. Warnhinweise listen die Bremser auf. Die Webseite finden Sie hier:

https://developers.google.com/speed/pagespeed/insights/?hl=de

Die nötigen Plug-Ins und das Testverfahren wurden schon in Kapitel 2 beschrieben.

Bild 3.3:
Google Speed Test

AUSWIRKUNG, AUFWAND UND GEWICHTUNG	
SEO-Gewichtung	sehr wichtig
Umsetzung in WordPress	etwas aufwendiger
Messbarkeit	dauert eventuell länger, zwischendurch testen, nicht direkt messbar

3.4 SEO über Verkaufsportale

Bieten Sie Ihre Artikel nicht nur in Ihrem Shop an, sondern auch über andere Verkaufsportale wie Ebay. Der Nutzen ist enorm und für die Bewertung Ihrer Webseite unschlagbar. Stellen Sie sich vor, ein Kunde sucht über Google eine Yogamatte. Als Treffer erhält er einen Link zu Amazon. Bei Amazon sind Sie als Händler eingetragen, und der Artikel zeigt auf Ihren Shop. Zum einen erzeugen Sie dadurch hochwertige Backlinks und haben einen starken Partner an Ihrer Seite, zum anderen erhöhen Sie den Traffic auf Ihre Webseite. Beides bewertet Google sehr positiv. Hier einige Möglichkeiten für Verkaufsplattformen:

billiger.de

ebay.de

amazon.de

hitmeister.de

guenstiger.de

yatego.de

AUSWIRKUNG, AUFWAND UND GEWICHTUNG	
SEO-Gewichtung	sehr wichtig
Umsetzung in WordPress	etwas aufwendiger
Messbarkeit	dauert eventuell länger, bitte zwischendurch testen, nicht direkt messbar

3.5 Artikelbeschreibungen optimieren

Für jeden Artikel eine optimierte Beschreibung zu verfassen ist sehr mühsam und zeitaufwendig. Nur wenige Onlineshops machen sich die Mühe. Meist werden nur die Artikellisten der Großhändler eingespielt, ohne auf die Qualität der Texte zu achten. Ein suchmaschinenfreundlicher Artikeltext erhöht den Wert und damit das

Ranking der Webseite erheblich und bildet die Basis für *Rich Snippets*, die ebenfalls zu einer besseren Bewertung beitragen.

Im Prinzip muss nur darauf geachtet werden, dass das Keyword (das kann der Artikel- oder der Kategoriename sein) mindestens dreimal in sinnvollen Sätzen zu finden ist.

Ein Beispiel (Keywords sind Power Yoga und Bryan Kest)

„Yoga ist eine geniale Mischung aus Bewegung und Meditation. In unserem Workshop mit Bryan Kest erleben Sie die Power of Yoga. Bryan Kest ist einer der bekanntesten Yoga-Lehrer und Power-Yoga-Lehrer weltweit. Erleben Sie die Kraft des Yoga unter der liebevollen Anleitung von Power-Yoga-Lehrer Bryan Kest.“

Zugegeben, das ist viel Aufwand. Aber er lohnt sich.

AUSWIRKUNG, AUFWAND UND GEWICHTUNG	
SEO-Gewichtung	wichtig
Umsetzung in WordPress	etwas aufwendiger
Messbarkeit	sofort

3.6 Die kurze Produktbeschreibung WooCommerce optimieren

Die Produktbeschreibung ist der Inhalt, der auf der Oberseite der Seite angezeigt wird. Die Position ist auch vom Template abhängig. Meist befindet sich die Kurzbeschreibung unter dem Preis und über dem *Kaufen*-Button. Die Kurzbeschreibung ist ideal für das Hinzufügen von Key- und Fokus-Wörtern. Fokus-Wörter sind eine Art Keyword, allerdings genau auf die Inhalte einer einzelnen Webseite zugeschnitten. Das Plug-In Yoast SEO verwendet diesen Begriff für die Optimierung einzelner Seiten. Keywords in Kurz- bzw. Produktbeschreibungen unterliegen einer Bewertungsmatrix und werten die Seite ab, wenn zu viele produktspezifische Keywords verwendet werden. Bei einem Produkt mit einer Artikelbeschreibung von ca. 200 Wörtern sollte das Keyword maximal dreimal auftauchen. Mit den in den ersten beiden Kapiteln beschriebenen Tools können Sie das testen. Sofern Sie das empfehlenswerte Plug-In *Yoast SEO* installiert haben, ist es noch einfacher, einen passenden Text mit Keywords zu verfassen.

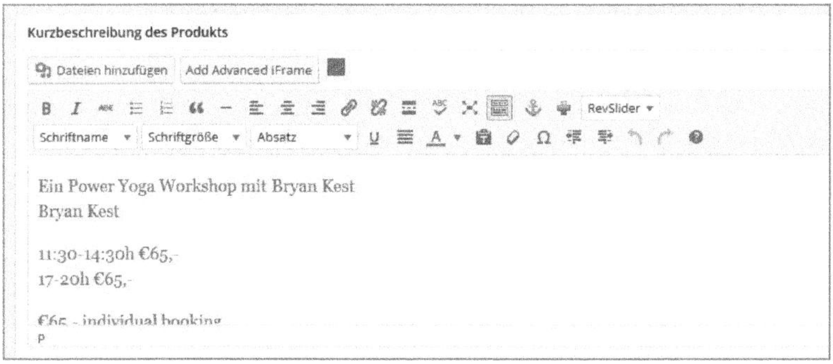

Bild 3.4: Optimierung der Kurzbeschreibung des Artikels

In der Liveansicht befindet sich die Kurzbeschreibung neben dem Produkt. Die Ansicht ist allerdings abhängig vom Template.

Bild 3.5:
Darstellung der Kurzbeschreibung auf der Produktseite

AUSWIRKUNG, AUFWAND UND GEWICHTUNG	
SEO-Gewichtung	wichtig
Umsetzung in WordPress	etwas aufwendiger
Messbarkeit	sofort

3.7 Google+ und Facebook, Twitter und Instagram

Wenn es das perfekte Zusammenspiel zwischen sozialen Medien, wie Facebook, und einer Webseite geben kann, dann sicherlich und zweifelsfrei mit einem Webshop wie *WooCommerce für WordPress*. Warum ist das so? Sie erzeugen dadurch

Backlinks zu externen Seiten, gleichzeitig gute Anchor-Links für die Suchmaschinen. Anchor-Links sind Links, die mit einem Text-Attribut versehen sind, also ein Link zu *www.pc-magazin.de* mit dem Anchor-Tag „Lesen Sie hier Neues zum Theme SEO". Sie machen Ihre Produkte dadurch bekannter und erhöhen die Besucherzahl in Ihrem Shop. Das wertet die Webseite zusätzlich auf. Es gibt diverse Plug-Ins für WooCommerce, mit deren Hilfe Artikel im Shop eingepflegt und zeitgleich auch auf Ihrer Facebook- und Google+-Seite veröffentlich werden. Wichtig hierbei ist lediglich, dass Sie eine Facebook- und/oder eine Google+-Seite anlegen, und dass Sie diese beiden Konten mithilfe des Jetpack-Plug-Ins verknüpfen. Wenn Sie keine Arbeit scheuen, dann holen Sie sich noch Twitter und Instagram ins Boot.

So geht es:

Installieren Sie Jetpack und eröffnen Sie einen Account bei `WordPress.com`. Der Account ist kostenlos und ermöglicht Ihnen das Verwalten vieler Webseiten.

Danach klicken Sie auf *Einstellungen* und dann auf *Publizieren*. Bevor Sie Ihre Seite mit den angegebenen Diensten verbinden können, muss ein Konto bei dem jeweiligen Dienst, z. B. bei Facebook, eingerichtet sein.

Der Rest ist ganz einfach. Ist eine Verbindung zu einem Dienst erfolgreich etabliert, werden per Default neue Artikel auch bei Facebook oder einem anderen Dienst veröffentlicht. Diese Option können Sie natürlich auch wieder abschalten.

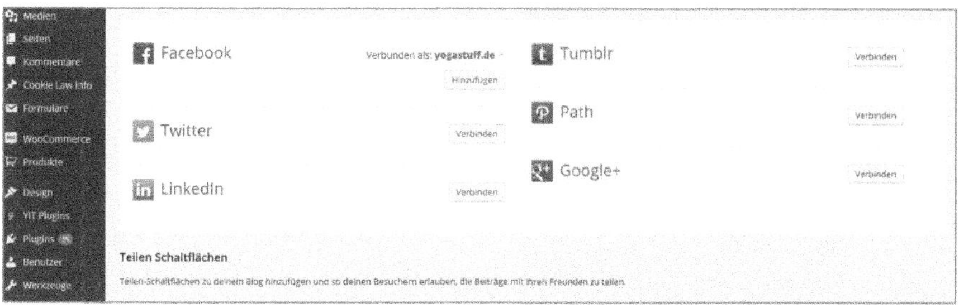

Bild 3.6: Verbinden Ihres Shops mit einem Dienst

AUSWIRKUNG, AUFWAND UND GEWICHTUNG	
SEO-Gewichtung	wichtig
Umsetzung in WordPress	leicht
Messbarkeit	sofort

3.8 Blogging — Bloggen was das Zeug hält

Ja, bloggen Sie viel! Wobei Bloggen nicht gleich Bloggen ist. Für einen Shop ist es eher unangebracht, private Dinge zu veröffentlichen. Beschreiben Sie lieber neue Artikel, ihre tollen Eigenschaften und Anwendungsmöglichkeiten. Schreiben Sie Sonderangebote aus, geben Sie Bewertungen ab. Wichtig bei Blogs ist, dass Sie Links setzen, entweder interne Links mit Anchortexten auf Ihre besonderen Artikel oder externe Links von Portalen, Zeitschriften oder etwaige andere Webseiten, die etwas mit Ihrem Produkt zu tun haben. Warum sollten Sie das tun? Weil sie dadurch Backlinks erzeugen und vor allem: frischen, sich ständig ändernden Inhalt. Suchmaschinen lieben das.

Sich bewegende Seiten sind ein Zeichen für die Lebendigkeit Ihrer Seite. Lebendige Seiten leben von ihren Besuchern, das zieht wieder Besucher an und in den Augen der Suchmaschinen wirkt Ihre Seite dann attraktiv. Es ist nicht notwendig, täglich einen Artikel zu verfassen. Es reicht, dies einmal in der Woche zu tun. Achten Sie auch hier auf die Qualität Ihres Textes und Ihrer Links nach außen und innen. Die Umsetzung ist denkbar einfach. Erstellen Sie einfach eine Seite mit dem Namen *News* oder *Blog* und verwenden Sie sie als Ihre Blogseite.

AUSWIRKUNG, AUFWAND UND GEWICHTUNG	
SEO-Gewichtung	wichtig
Umsetzung in WordPress	leicht
Messbarkeit	ja, nach einigen Tagen

3.9 Rich Snippets

Was ist ein Rich Snippet?

Ein Rich Snippet ist im Grunde eine kurze Zusammenfassung Ihrer Seite, die als Text innerhalb der Suchergebnisse von Google, Yahoo, Bing und manchmal im News Feed von Facebook im praktischen Format mit Sterne-Bewertungen, Autor, Foto, Bild usw. angezeigt wird.

Wie hilft ein Rich Snippet?

Es gibt Suchmaschinen, die nur die ausschlaggebenden und präzise strukturierten Informationen in den Suchergebnis-Snippets anzeigen. Wenn aber richtig konfiguriert, können Sie damit viele Informationen auf den SERPs darstellen. Dadurch werden Kunden angezogen, und Ihr Traffic erhöht sich. Alles in allem ist eine Steigerung der Bewertung zu erwarten.

Die Installation ist relativ leicht. Wie üblich wird das Plug-In über die Plug-In-Installationsschnittstelle (was für ein Wort) sichergestellt. Anschließend sehen Sie einen neuen Eintrag mit der Bezeichnung *Rich Snippets* auf der linken Menüseite im Adminbereich.

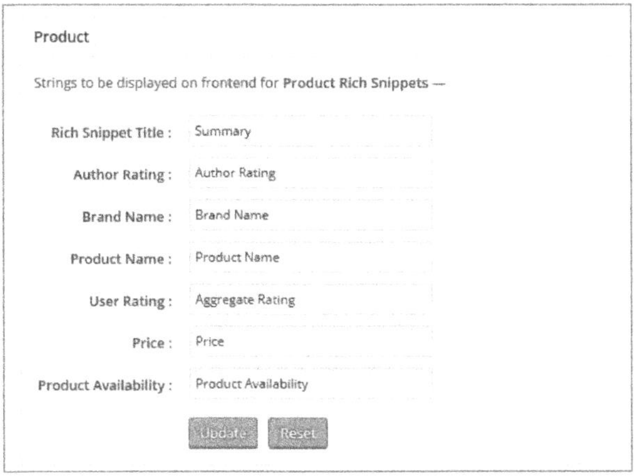

Bild 3.7: Einrichten des *Rich Snippet*-Plug-Ins

Der Nach- oder auch der Vorteil des Plug-Ins ist, dass es für jedes Produkt einzeln konfigurierbar ist. Das kann bei vielen Artikeln eine Menge Arbeit machen.

Über die Webseite mit der URL *https://developers.google.com/structured-data/testing-tool* können Sie das Snippet im Anschluss an die Konfiguration testen und validieren.

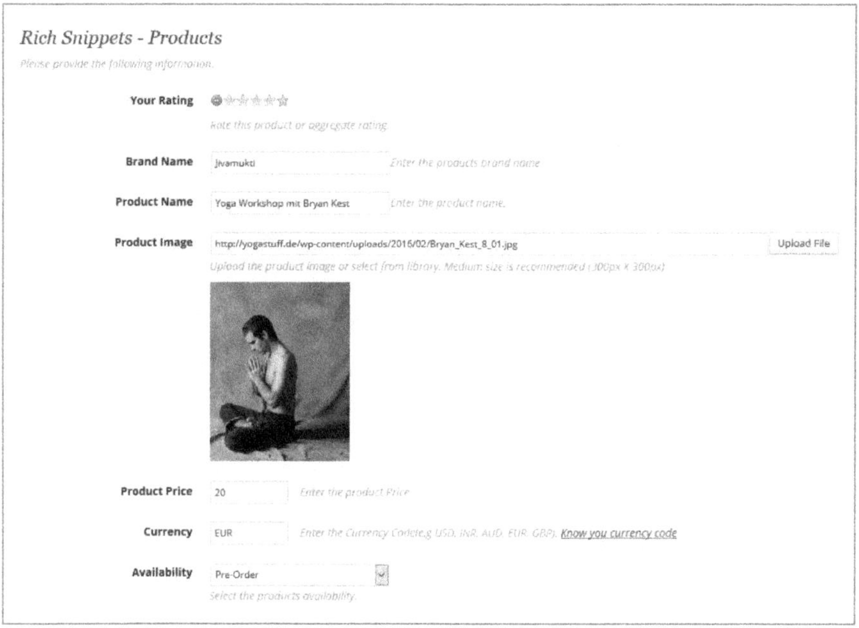

Bild 3.8: Konfiguration des Rich Snippet auf der Artikelseite

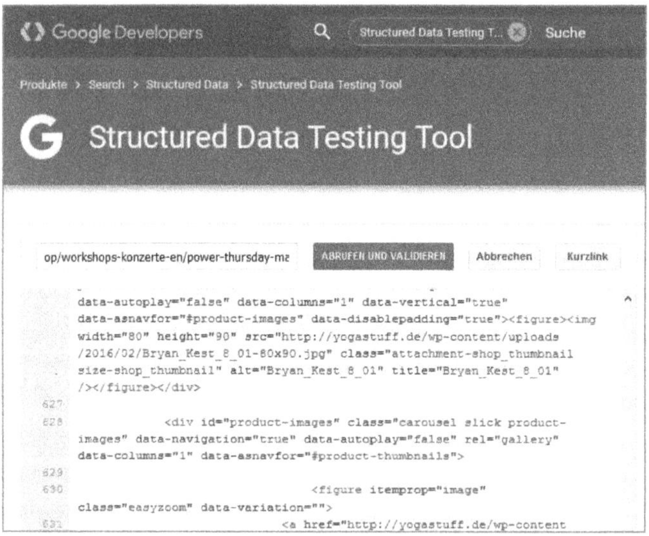

Bild 3.9: Überprüfen des Rich Snippet auf seine Richtigkeit

Bild 3.10: Beispiel eines Rich Snippet in Google

Rich Snippets werden noch unterschätzt, sind aber ein sehr moderner Bestandteil einer guten Optimierung. Der Nachteil ist allerdings, dass es bis dato keinen Generator gibt, der alle Artikel auf einmal bearbeiten kann. Daher muss jeder Artikel einzeln konfiguriert werden. Aber ich bin generell der Meinung, dass jeder Artikel einzeln angefasst und optimiert werden muss.

AUSWIRKUNG, AUFWAND UND GEWICHTUNG	
SEO-Gewichtung	sehr wichtig
Umsetzung in WordPress	etwas aufwendiger
Messbarkeit	nach einigen Tagen

3.10 Machen Sie Ihre E-Commerce-Website mobile-ready

Mehr als 34,5 Prozent aller Internetnutzer verwenden zum Surfen im Internet bereits mobile Geräte. (Quelle: AGOF mobile facts) Das können Smartphones, Handys oder Tablets sein. Umso wichtiger ist es, dass Sie Ihren Shop dafür einrichten. Sonst gehen Kunden verloren, der Traffic sinkt, die Absprungraten steigen und die Suchmaschinen strafen Sie deswegen ab.

Testen Sie Ihre Webseite auf allen verfügbaren Endgeräten und sehen Sie sich das Ergebnis an. Vielleicht ist die Sicht bereits jetzt gut genug. Andernfalls können Sie mithilfe des Jetpack-Plug-Ins Ihre Webseite mobiltauglich machen. Dazu aktivieren Sie die Option *Mobile Theme* in Jetpack. Es gibt natürlich auch andere Möglichkeiten, aber diese ist kostenlos und funktioniert.

Besucher, die mit einem iPhone, Android-Geräten, Windows-Phone-Geräten oder anderen mobilen Geräten auf Ihre Webseite kommen, werden automatisch das mobile Theme zu sehen bekommen, jedoch mit der Option, die volle Version der Webseite aufzurufen. Sie können das mobile Theme aktivieren oder deaktivieren, indem sie den *Aktivieren*- oder *Deaktivieren*-Button oben anklicken.

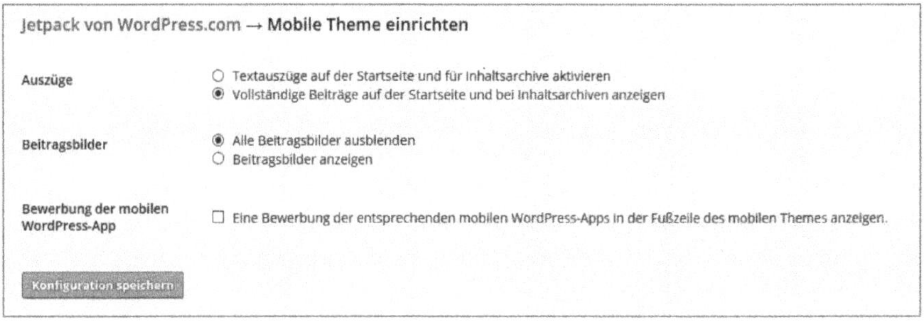

Bild 3.11: Mobile Theme in Jetpack

AUSWIRKUNG, AUFWAND UND GEWICHTUNG	
SEO-Gewichtung	sehr wichtig
Umsetzung in WordPress	leicht
Messbarkeit	sofort

3.11 Strategische Stichwörter im Anchor-Text

Suchmaschinen legen großen Wert auf gute Links. Eine Webseite, die qualitativ gute Links zu anderen Seiten hat, wird bei Google besser gerankt als Seiten, die keine Links haben. Ein Webshop auf WooCommerce-Basis beinhaltet per se viele, zumindest interne, Links. Werden zudem Marken (Brands) und Partner angeboten und richtig verlinkt, ist ein Webshop ein Füllhorn voller Links, und wenn Sie es richtig machen, auch voller guter Links. Google honoriert das mit einer guten Bewertung.

AUSWIRKUNG, AUFWAND UND GEWICHTUNG	
SEO-Gewichtung	wichtig
Umsetzung in WordPress	etwas aufwendiger
Messbarkeit	sofort

3.12 Produktbilder optimieren

Stellen Sie sich vor, ein Kunde klickt auf ein Produkt, und kein Bild wird angezeigt. Das kann ja mal vorkommen, sollte aber nicht sein. Sollte ein Crawler auch nach mehrmaligem Besuch der Seite fehlende Bilder ohne Beschreibung feststellen, strafen das die Suchmaschinen ab.

Um dem vorzubeugen, ist es möglich, dem Produktbild einen *ALT-Text* (alternativen Text) hinzuzufügen. Also ein Text, der angezeigt wird, wenn das Bild nicht erscheint, und gleichzeitig ein Text, den die Suchmaschinen lesen können. Mit Bildernamen wie *DCN00900.jpg* kann keine Suchmaschine etwas anfangen. Wenn Sie aber den Artikelbildern einen eindeutigen Namen und einen ALT-Text geben, erhöht das den Wert Ihrer Seite. Dafür gibt es zwei Möglichkeiten:

Sie können jedem Bild über den Medienbrowser in WordPress einen alternativen Text (alt-Tag) geben (*Medien/Medienübersicht -> Bild auswählen* und in das Feld *Alternativtext* einen Text für das Bild eingeben).

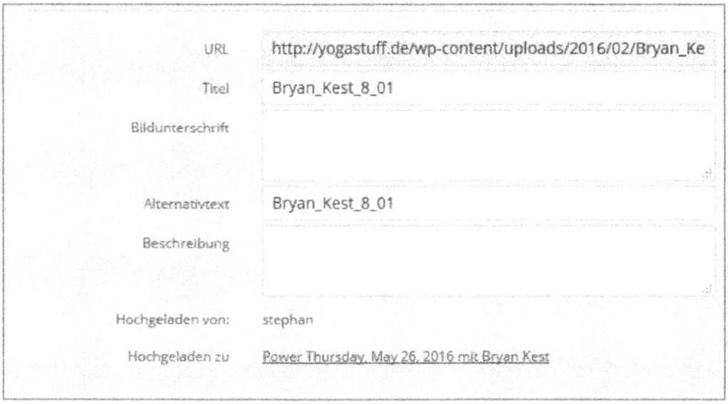

Bild 3.12: Eingabe des Alternativtextes über den Medienbrowser

Oder Sie verwenden ein Plug-In. Das Plug-In *SEO Image* macht das alles automatisch. Das ist sehr praktisch, wenn Sie sehr viele Bilder haben. Die Bedienung ist sehr einfach. Das Plug-In kann vor dem Festlegen des ALT-Textes alle alten ALT-Texte löschen und vergibt dann aufgrund der Bild- oder Artikelbeschreibung neue ALT-Texte.

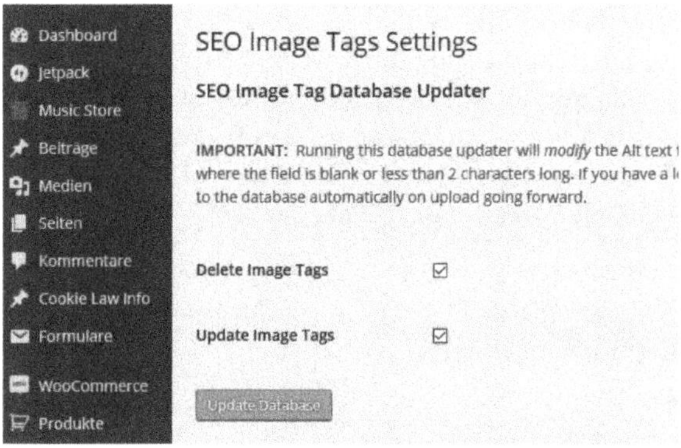

Bild 3.13: Alternativtexte mithilfe des Plug-Ins *SEO Image*

AUSWIRKUNG, AUFWAND UND GEWICHTUNG	
SEO-Gewichtung	wichtig
Umsetzung in WordPress	leicht
Messbarkeit	sofort

3.13 Vermeiden Sie defekte Links (404)

Defekte Links, sprich Seiten, die mit dem Code 404 antworten, sind ein Graus, für Shop-Betreiber ein No-Go. Suchmaschinen mögen sie auch nicht, denn sie bedeuten, dass die Seite nicht fertiggestellt ist oder nicht gepflegt wird, dass sie alt oder ein Fake ist.

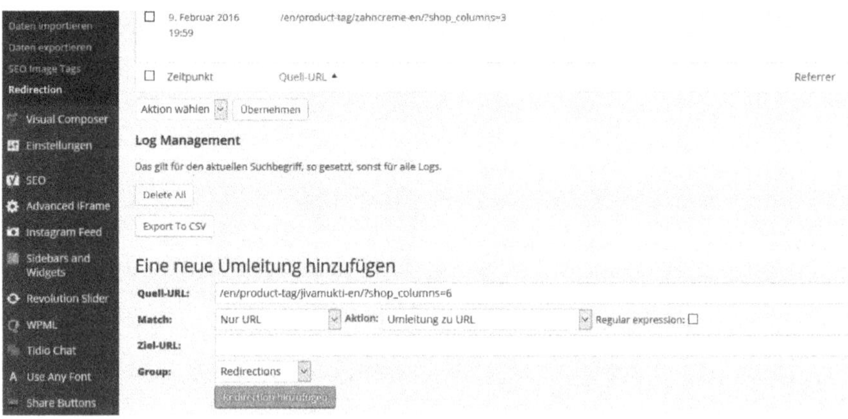

Bild 3.14: Umleiten einer defekten Seite auf eine funktionierende Seite

Abhilfe schafft ein Plug-In mit dem Namen *Redirection*, das sehr einfach zu installieren ist. Das Plug-In listet alle fehlerhaften Links auf. Gleichzeitig können Sie mit diesem Plug-In festlegen, was geschehen soll, wen ein Kunde eine 404-Seite aufruft, von der sie nichts wissen. Leiten Sie diese Form der Anfragen einfach auf eine bestehende URL im Shop um.

AUSWIRKUNG, AUFWAND UND GEWICHTUNG	
SEO-Gewichtung	wichtig
Umsetzung in WordPress	einfach
Messbarkeit	sofort

3.14 Thumbnails neu generieren lassen

Ein Problem kann es mit den Artikelbildern geben, wenn Sie die Bilder per CSV hochgeladen haben. Die Bilder sind nicht groß genug, falsch skaliert oder verschwommen. Das macht sich schlecht im Shop und führt zwangsläufig zu einer hohen Absprungrate.

Um die Bilder perfekt anzuzeigen, installieren Sie das Plug-In *Regenerate Thumbnails* (kostenlos auf *http://WordPress.org/Plug-Ins*).

Das Plug-In schreibt alle im Medienbrowser hinterlegten Bilder neu und bringt sie auf die ursprüngliche Größe.

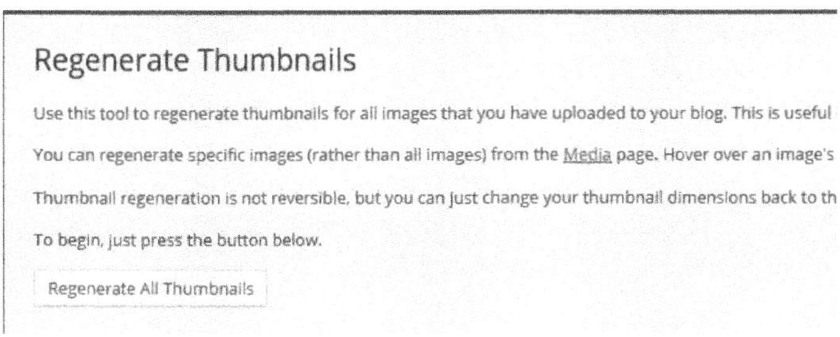

Bild 3.15: Thumbnails neu generieren lassen

AUSWIRKUNG, AUFWAND UND GEWICHTUNG	
SEO-Gewichtung	wichtig
Umsetzung in WordPress	einfach
Messbarkeit	dauert eventuell länger, zwischendurch testen, nicht direkt messbar

4 OHNE SOCIAL MEDIA GEHT NICHTS MEHR

Social Media ist aktueller denn je, weil jeder Webseiten- oder Shop-Betreiber gut vernetzt sein möchte. Aber was genau bedeuten die Begriffe Social Bookmarking, Storytelling, Newsroom und Hashtags und welchen Nutzen haben sie für die Suchmaschinenoptimierung einer Webseite und eines Shops?

Der Erfolg effektiven Social-Media-Marketings hat viele Pfeiler. Eine schnelle Reaktionszeit, eine zielgruppengerechte Ansprache, Aktualität und Kreativität sind nur einige der Anforderungen an Webseitenbetreiber, die bei Facebook und Co. erfolgreich sein wollen.

Der Kern aller Strategien sollte jedoch immer der eigene Content sein. Die Fähigkeit, mögliche Kunden und Besucher Ihrer Webseite mit guten Geschichten und interessanten Inhalten rund um Ihre Webseite und um Ihren Shop und verwandte Themen zu bespielen, sorgt für Nachhaltigkeit. Ihre Besucher und Kunden werden Sie dafür lieben, wenn Sie Ihre Sache gut machen.

Betreiben Sie die Seite alleine oder sind mehrere Kollegen, Mitarbeiter oder Partner damit betraut? Sollten Sie nicht alleine sein, achten Sie darauf, dass alle, die sich mit Social-Media-Inhalten beschäftigen, auch die gleiche Linie vertreten. Mehr dazu in Kapitel 4.6., *Social Media Guidelines*.

Gleich zu Beginn verlinken Sie Ihr Impressum von bereits bestehenden Social-Media-Kanälen wie Facebook aus. Dies wird oft vergessen, daher gleich zu Beginn, damit Sie auf der sicheren Seite sind. Manche Plattformen bieten dafür getrennte Formularfelder an, wie z. B. Facebook oder Xing. Dort kann man einerseits die Website verlinken und andererseits die Impressumangaben direkt eintragen. Wo nur eine Verlinkungsmöglichkeit besteht, muss direkt zum Impressum verlinkt werden, wie z. B. auf Instagram. Dabei sollte der Impressumlink sprechend sein, also möglichst *www.meinewebsite.de/impressum* heißen. Wichtig ist, dass das Impressum – egal wo man in der jeweiligen Plattform einsteigt – mit zwei Klicks direkt erreichbar ist.

Auch bei Social Media kann man einiges falsch machen. Beachten Sie daher die folgenden Hinweise und Tipps. Nicht alles ist machbar, weil zeitlich aufwendig und anspruchsvoll. Einige Tipps sind jedoch einfach umzusetzen. Achten Sie immer auf Ihre eigene Linie und auf eine funktionierende technische Umsetzung.

Ich habe stets darauf geachtet, wenn möglich nur kostenfreie Plug-Ins und Tools zu verwenden. Einige Plug-Ins werden in Kapitel 5 etwas näher beschrieben. Falls

Sie weitere Informationen zu Plug-Ins und Tools benötigen, besuchen Sie bitte die jeweiligen Plug-In-Seiten. Viel Spaß!

4.1 Sharing is Caring (weitersagen)

Um den Besuchern der eigenen Website das Weitersagen der dortigen Inhalte zu erleichtern, sollte man Sharebuttons installieren. Wie schon in Kapitel 2 angesprochen, sollten sich diese Buttons deutlich von den Icons unterscheiden, mit denen man auf seine Social-Media-Präsenzen verweist. Trotzdem sollten sie den einzelnen Plattformen auf den ersten Blick zuzuordnen sein. Beliebte Lösungen für WordPress sind:

- Sharingfunktion von Jetpack: *http://WordPress.org/Plug-Ins/jetpack*
- Shareaholic: *http://WordPress.org/Plug-Ins/sexybookmarks*
- Simple Share Buttons: *https://WordPress.org/Plug-Ins/simple-share-buttons-adder*
- Share this: *https://WordPress.org/Plug-Ins/share-this*

Die Installation ist einfach und selbsterklärend.

Teilen-Schaltflächen, oder in Englisch *Sharebuttons*, werden üblicherweise am Ende eines Inhalts (Blogartikel oder statische Seite) platziert. Manche empfehlen, sie auch am Anfang unterzubringen. Andere wählen eine Variante, die seitlich mit dem Inhalt mitscrollt. Wichtig ist, dass die gewählte Lösung sowohl via Desktopbrowser als auch mobil funktioniert.

Als WooCommerce-Shop-Betreiber, empfehle ich Ihnen die Platzierung eines Teilen-Buttons für jedes Produkt. Für WooCommerce empfehle ich Ihnen das Plug-In *WooCommerce Social Media Share Buttons (kostenlos* auf *http://WordPress.org/Plug-Ins*).

Das Plug-In ist einfach zu installieren, kostenlos und bietet alles an, was Sie als Shop-Betreiber für das Teilen von Produkten benötigen. Das Plug-In bietet folgende Teilen-Möglichkeiten an:

- Facebook
- Twitter
- Bei Google+ teilen
- Auf Pinterest pinnen

- Tumblr
- LinkedIn
- StumbleUpon
- E-Mail-Adresse
- Vkontakte

In der nächsten Abbildung sehen Sie die Teilen-Schaltfläche im Webshop *yogastuff.de.*

Bild 4.1: Teilen-Schaltfläche (unten) in der Praxis

HINWEIS:

Übrigens: Um zu überprüfen, ob die Optimierung funktioniert, braucht man nur die URL der betreffenden Seite durch den Facebook Debugger unter `https://developers.facebook.com/tools/debug` zu überprüfen.

AUSWIRKUNG, AUFWAND UND GEWICHTUNG	
SEO-Gewichtung	sehr wichtig
Umsetzung in WordPress	einfach
Messbarkeit	sofort bzw. nach ein paar Tagen besser

4.2 Einloggen mit Social Media

Sie kennen das bestimmt: Webseiten und Shops bieten oft die Möglichkeit, sich anstatt mit banalen Benutzerdaten mit Facebook, Twitter oder Google+ anzumelden.

Das ist auch in WordPress möglich und vor allen Dingen bei Shops interessant. Welchen Vorteil hat diese Funktion?

Voraussetzung für die Nutzung des Plug-Ins ist eine Facebook-App. Sie können sie relativ leicht zu Ihrem Account hinzufügen.

Eine App erstellen Sie über die unten genannte Seite. Loggen Sie sich dort ein und folgen Sie den Anweisungen. Wenn die App erstellt wurde, geben Sie die Einstellungen wie im Bild unten gezeigt in den Plug-In-Einstellungen ein.

Link zum Erstellen der Facebook App:

https://developers.facebook.com/apps

Bild 4.2: Einstellungen des Plug-Ins im Backend

Wenn das Plug-In richtig installiert wurde, sieht der Kunde beim Einloggen das folgende Bild.

Plug-In:

Nextend Facebook Connect (kostenlos)

Das Plug-In gibt es auch für Twitter, Google+ u. a.

Bild 4.3: Einloggen mit Facebook

AUSWIRKUNG, AUFWAND UND GEWICHTUNG	
SEO-Gewichtung	wichtig
Umsetzung in WordPress	mittel
Messbarkeit	dauert eventuell länger, zwischendurch testen, nicht direkt messbar

4.3 Facebook, Twitter, Google+ und Co. vernetzen

Eine zusätzliche Vernetzung der Social-Media-Präsenzen untereinander wäre ebenfalls eine Option oder wie ist Ihre Meinung?

Eine Verlinkung Ihrer Facebook-Seite mit Ihrem Twitter-Account und dann noch ein wenig Google+, Instagram und Pinterest und vielleicht noch mehr.

Man nennt dieses Vorgehen *Crossposten* und ja, es kann sehr sinnvoll sein. Ein Plug-In dafür gibt es nicht, aber eine coole Browseranwendung, die unter der URL `https://ifttt.com` zu erreichen ist. Mithilfe dieses Tools können Sie alle Social-Media-Kanäle verbinden und damit einen Beitrag in allen Kanälen veröffentlichen.

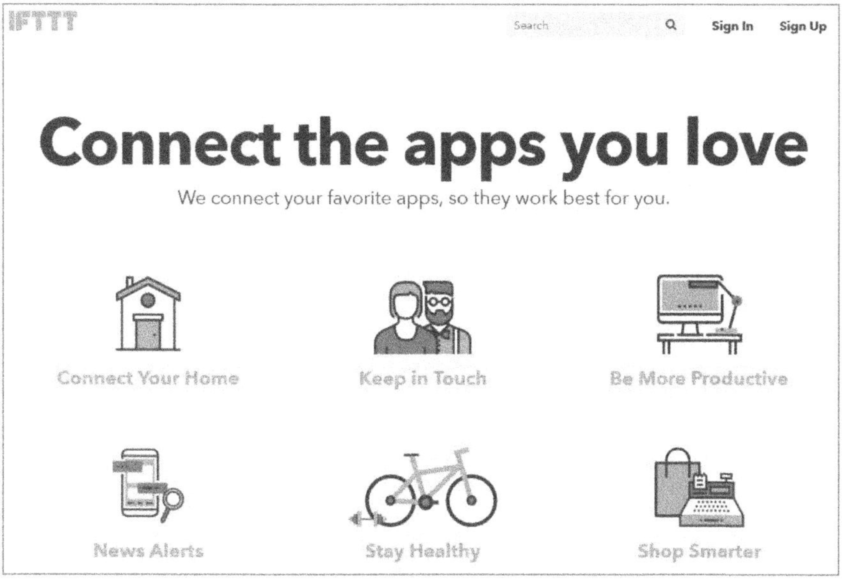

Bild 4.4: Social Media mit IFTTT verknüpfen

In manchen Fällen kann das Crossposten via IFTTT gegenüber dem direkten Teilen sogar die bessere Alternative sein, wie etwa im Fall von Instagram zu Twitter.

Trotzdem, wenn es nicht um Produkte oder Bilder geht, wenn es sich um individuelle Beiträge handelt, ziehen Sie das individuelle Posten dem automatischen Verteilen vor. Schließlich kann man es auch übertreiben.

AUSWIRKUNG, AUFWAND UND GEWICHTUNG	
SEO-Gewichtung	weniger wichtig
Umsetzung in WordPress	leicht
Messbarkeit	dauert eventuell länger, zwischendurch testen, nicht direkt messbar

4.4 Social Media Newsrooms

Warum nicht eine ganze Seite nur für News und Social-Media-Inhalte? Ein Newsroom, eine Beitragsseite oder eine Seite speziell für Ihre ganz aktuellen Neuigkeiten.

Der *Social Media Newsroom* ist selbstverständlich kein Muss. Nutzt man aber die gängigen Social Networks, kann man damit dem Besucher der Seite als netten Service einen Überblick über alle Social-Media-Kanäle bieten. Selbsterklärend, dass das nur Vorteile für die Webseite haben kann: mehr Besucher, bei einem Shop mehr Verkäufe, mehr Backlinks, längere Verweilzeiten. Nicht für alle Seiten geeignet, aber einen Gedanke wert.

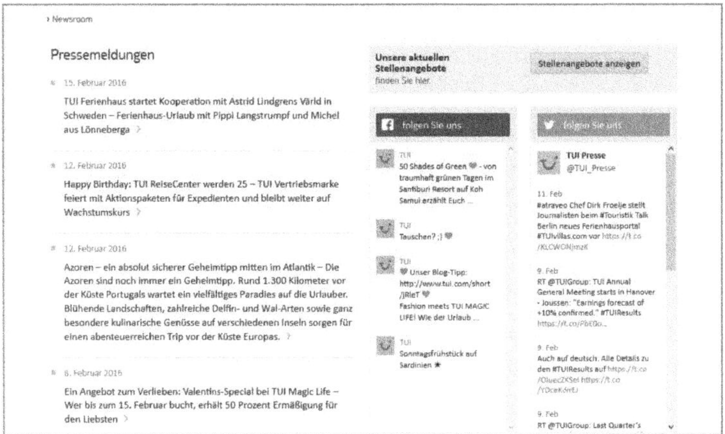

Bild 4.5: Beispiel eines Social Media Newsrooms

Sie können ganze Seiten mit Ihren Neuigkeiten erstellen. Sie können mehrere Social-Media-Kanäle gleichzeitig darstellen, und natürlich gibt es ein Plug-In hierfür.

Plug-In:

WordPress Social Stream

AUSWIRKUNG, AUFWAND UND GEWICHTUNG	
SEO-Gewichtung	wichtig
Umsetzung in WordPress	mittel
Messbarkeit	dauert eventuell länger, zwischendurch testen, nicht direkt messbar

4.5 Youtube und SEO

Glauben Sie nicht, SEO und Youtube passten nicht zusammen und seien nicht sinnvoll. Genau das Gegenteil ist der Fall. Youtube ist vortrefflich dafür geeignet, hat allerdings den großen Nachteil, dass Sie sehr, sehr viel Zeit dafür aufwenden müssen. Aber gibt es für WordPress Youtube-Plug-Ins, die Ihnen ein wenig Arbeit abnehmen. Die meisten notwendigen Arbeiten bleiben bei Ihnen oder Ihren Mitarbeitern hängen. Aber einmal etabliert und richtig eingesetzt, verhilft Ihnen ein Youtube-Auftritt zu einem sicheren und beständigen Ranking bei den Suchmaschinen.

Warum bieten Youtube-Videos Vorteile für das SEO?

Durch das Anschauen der Videos erhöht sich die Verweildauer auf der Website, da die Betrachter nicht bzw. nicht mehr so schnell in die Suchresultate von Google zurückkehren. Es ist klar, dass diese Tatsache ein positives Ranking-Kriterium darstellt, insbesondere auch dann, wenn das Tracking der suchmaschinenfreundlichen Website-Daten durch Google selbst via Google Analytics erfolgt.

Videos stärken das Linkbuilding zusätzlich: Wird die Webadresse der Videoseite verlinkt und/oder wird der Videocode in Blogs, Social Networks etc. eingebettet, entstehen hochwertige Backlinks, die unverzichtbar für eine erfolgreiche Website-Optimierung sind. Seitenbetreiber, die bisher aus Kostengründen auf eine Videoproduktion verzichtet haben, sollten wissen, dass sich die Herstellung von Webfilmen günstiger gestaltet als oftmals angenommen. Im Prinzip genügt auch in wettbewerbsschwachen Keyword-Bereichen eine einfache, aussagekräftige Slideshow (Bilderabfolgen mit Domain-, Texteinblendungen und gegebenenfalls unterlegter Musik), die es im Rahmen einer Video-SEO für Google und Videoportale (`Youtube.com`, `Myvideo.de`, `Clipfish.de`, `Sevenload.com`, `Vimeo.com`, `Metacafe.com` etc.) zu optimieren gilt. Denn die günstig zu erstellenden Bilderabfolgen in entsprechenden Videoformaten werden von Google, Youtube & Co. als vollwertige Videofilme angesehen. Verwenden Sie bei der Erstellung kein geschütztes Material, denn das könnte eine Abmahnung zur Folge haben.

Für welche Filme eignet sich eine Video-Optimierung?

Eine Optimierung von Videofilmen eignet sich insbesondere für folgende Filmarten:

- Hotelvideos (Präsentation der Hotelzimmer etc.)
- Videos der Tourismus-Branche (Präsentation der Landschaft, Umgebung etc.)
- Anwendungsvideos
- Trainingsvideos
- 2D- oder 3D-Filme mit technischen Illustrationen
- Filme mit Wartungs-, Reparatur- oder Zusammenbauanleitungen

- Produktvideos
- gute Werbevideos

Aus der Auflistung wird ersichtlich, dass es sich um Internetvideos mit konkretem Nutzen für die Betrachter handelt. Daher ist es anzuraten, bereits bei der Produktion von Webfilmen auf einen für die Zielgruppe nützlichen Content zu achten.

Plug-Ins:

YouTube Upload Widget

YouTube Channel Gallery

Beide Plug-Ins sind kostenlos auf *http://WordPress.org/Plug-Ins* erhältlich

AUSWIRKUNG, AUFWAND UND GEWICHTUNG	
SEO-Gewichtung	sehr wichtig
Umsetzung in WordPress	mittel
Messbarkeit	dauert eventuell länger, zwischendurch testen, nicht direkt messbar

4.6 Social Media Guidelines

Zielgruppen: Wer braucht Social Media Guidelines?

Social Media Guidelines sind für all jene Unternehmen sinnvoll, die den Gebrauch und die Nutzung von Social-Media-Anwendungen wie Facebook, YouTube oder andere soziale Netzwerke für ihre Mitarbeiter definieren bzw. festlegen wollen. Die Erstellung solcher Richtlinien ist unabhängig davon, ob sich das Unternehmen dazu entschließt, selbst aktiv in Social Media zu werden. Die genaue Ausformulierung hängt vom Unternehmen bzw. dessen Betriebs- und Kommunikationskultur ab. Sie sollten entsprechend der Unternehmenswerte, der Unternehmenskultur und dem Markenbild formuliert werden.

Was sind Social Media Guidelines?

Social Media Guidelines sind Regelwerke für einen einheitlichen Auftritt für Social Media. Sie sollten für alle Mitarbeiter gelten und überwacht werden. Bei der Ausformulierung der Social Media Guidelines sollte immer Rücksicht auf Unternehmenswerte, -kultur und Markenbild genommen werden. Trotz der daraus resultierenden Individualität der Richtlinien für jedes Unternehmen gibt es gewisse Aspekte, die in allen Social Media Guidelines enthalten sein sollten. Diese umfassen hauptsächlich folgende Inhalte:

Berufliche und private Trennung

In Social Media Guidelines wird festgelegt, ob, wie und in welchem Umfang bzw. Rahmen Social Media oder einzelne Plattformen, Tools und Anwendungen genutzt werden dürfen. Sie definieren, in welchen Umfang Mitarbeiter Social Media Tools während der Arbeitszeit nutzen dürfen und wer im Namen des Unternehmens offiziell Beiträge auf Social-Media-Plattformen veröffentlichen darf.

Ansprache in Social Media

Auch geben sie Auskunft, wie Unternehmen bei kritischen Kommentaren reagieren bzw. im Social Web kommunizieren sollen. Auch Stil und Form von Beiträgen in Social Media sollten festgelegt werden. Spricht man seine Kunden eher mit einem freundschaftlichen *Du* an oder bleibt man beim Klassischen *Sie*, kommuniziert man *wir vom Unternehmen XY* oder als Einzelperson?

Datenschutz und Urheberrechte

Social Media Guidelines behandeln aber auch Themen wie Urheber- oder Persönlichkeitsrechte, Datenschutz und Privatsphäre im Internet. Zudem klären Sie beispielsweise auch darüber auf, wie Inhalte publiziert werden oder der legale und geduldete Umgang mit Marke, Logo, oder Domains sowie eigenen und fremden Daten geregelt ist. Es ist wichtig, zu definieren, unter welchen Voraussetzungen fremde oder eigene Bilder, Texte oder Videos für Social-Media-Kanäle verwendet werden dürfen.

Kanäle und Registrierung

Welche Social-Media-Kanäle dürfen für die Kommunikation des Unternehmens verwendet werden? Darf über die Marke, das Produkt im Namen des Unternehmens von allen Mitarbeitern oder nur von ausgewählten kommuniziert werden? Gibt es eine Ansprechperson, einen Social-Media-Koordinator im Unternehmen? Wie legt man Unternehmensprofile richtig an, damit sie auch über einen längeren Zeitraum hinweg, unabhängig von Personenprofilen einzelner, genutzt werden können?

4.7 Hashtags

Wer twittert, kommt um Hashtags nicht herum. Oft wird auch bei einem Facebook-Kommentar ein Hashtag gesetzt. Das Hashen beschränkt sich also nicht mehr nur auf Twitter, sondern erobert auch andere soziale Medien. Auch wenn Sie selbst es nicht nutzen, wird Ihnen das Hashtag zumindest in den Tweets anderer begegnen. Das Hashtag # – das Doppelkreuz, das vor Wörtern bzw. Zeichenketten steht, finden Sie auf Ihrer Tastatur links neben der Eingabetaste.

Obwohl es immer öfter eingesetzt wird, ist nicht jedem der Nutzen des Zeichens bekannt. Für Sie als Webseitenbetreiber oder Inhaber eines Shops kann es in Verbindung mit Twitter und Facebook von großem Nutzen sein. Sie verlinken und verbinden Ihre aktuellen Inhalte mit den großen Social-Media-Portalen und erhalten dadurch Feedbacks auf Ihrer Seite und eine höhere Conversion Rate. Die Conversion Rate ist der Abschluss einer Bestellung: vom Klick des Besuchers bis zum Abschluss des Kaufs im Warenkorb.

Wo gibt es Hashtags?

Hashtags machen Sie selbst und fügen sie an das Ende eines Beitrags oder einer Seite ein. Bei einem Shop fügen Sie das Hashtag am Ende der Artikelbeschreibung ein. Das ist alles aber nur wirklich sinnvoll, wenn Sie Social Media auch nutzen und den damit verbundenen Mehrwert erkennen. Posten Sie beispielsweise ein neues Produkt oder einen sinnvollen Beitrag, der sich auf die Inhalte Ihrer Seite bezieht, ist der Nutzen klar, denn das Hashtag verbindet den Social-Media-Beitrag mit dem Inhalt Ihrer Seite.

Was bewirken Hashtags?

Mithilfe von Hashtags werden Themen und Formulierungen zu anklickbaren Links in Ihren Beiträgen in Ihrer persönlichen Chronik oder auf Ihrer Webseite bzw. Ihrem Webshop. So können Personen, vor allem aber Kunden, einfacher Beiträge über Themen finden, die sie interessieren. Für WordPress gibt es natürlich Plug-Ins, um Hashtags stimmig einzubinden. Sie dürfen sie gerne verwenden.

Fügen Sie über das Nummernzeichen # bei einem Beitrag einen Hashtag ein, gefolgt von einem Thema oder einer Formulierung. Beispiel:

```
Yoga ist eine tolle Sache, für die Sie eine Yogamatte verwenden sollten.
#yogamatte
```

Wenn der Besucher bei Twitter oder Facebook auf diesen Hashtag klickt, erscheint ein Nachrichtenstrom von Beiträgen, die dieses Hashtag enthalten.

Bitte beachten:

- Ein Hashtag muss in einem Wort ohne Leerzeichen geschrieben sein.
- In einem Hashtag können Sie auch Zahlen verwenden, aber Satzzeichen und Sonderzeichen (z. B. $ und %) funktionieren nicht.
- Sie können über die Suchleiste oben auf jeder Seite nach einem Hashtag suchen.
- Sie sehen nur Beiträge, die mit Ihnen geteilt wurden.

4.8 Das richtige Hashtag verwenden

Wie findet man das passende Hashtag für eine Kampagne? Diese Frage will das Tool *RiteTag* beantworten. Sie analysieren mit dem Tool Ihre bisherigen Tweets, und RiteTag schlägt neue Hashtags vor, die zu denen passen, die Sie bisher verwendet haben. So können Sie weitere Nutzer erreichen, die ähnlichen Hashtags folgen. Die einfache Nutzung ist kostenlos. Es werden einige Tools für das Verwenden von Hashtags angeboten, darunter browserbasierende Anwendungen und Plug-Ins für WordPress. Die meisten sind kostenpflichtig.

HASHTAG-TOOLS:

RebelMouse: Kampagnen direkt in die Webseite integrieren *http://rebelmouse.com*
Social Media auf einen Blick: *Tagboard http://tagboard.com*
Hashtag-Daten analysieren mit *Talkwalker http://talkwalker.com*
Social-Media-Beiträge automatisch für Hashtags optimieren mit *Ritetag*
http://ritetag.com (Quelle: *http://t3n.de*)

Das Einrichten des Hashtag-Plug-Ins Hashtag für WordPress ist, wie oft bei WordPress, sehr einfach. In der nachfolgenden Abbildung sehen Sie, wie sich das Plug-In einsetzen lässt. Standardmäßig schlägt das Tool vor, nach jedem Beitrag, jeder Seite, jedem Widget usw. ein Hashtag zu setzen, das Sie dann verwenden können. Installieren Sie das Plug-In ruhig einmal und testen Sie es.

WordPress-Plug-Ins für Hashtags:

- WordPress Hashtags
- Hashtag

Beide Plug-Ins sind kostenlos auf *http://WordPress.org/Plug-Ins* erhältlich

AUSWIRKUNG, AUFWAND UND GEWICHTUNG	
SEO-Gewichtung	sehr wichtig
Umsetzung in WordPress	mittel
Messbarkeit	dauert eventuell länger, zwischendurch testen, nicht direkt messbar

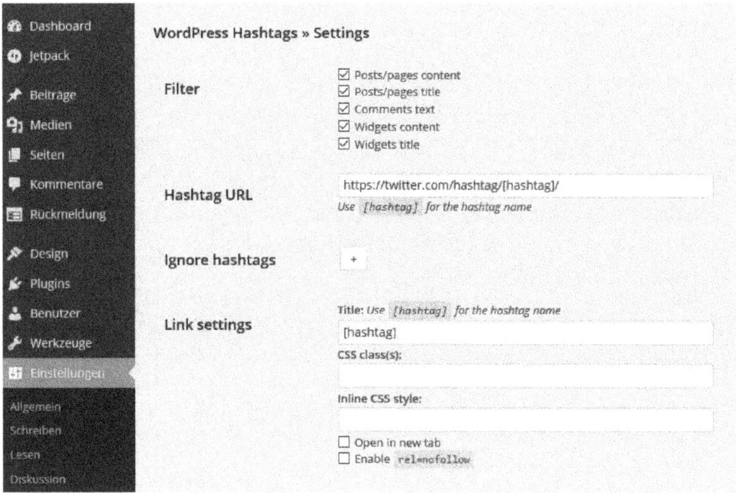

Bild 4.6: Das Hashtag-Plug-In kann konfiguriert werden.

4.9 Social Bookmarks

Vorneweg: Es besteht ein Unterschied zwischen Social Bookmarks und der Teilen-(Sharing) Schaltfläche, die zu den Social-Media-Kanälen, wie Facebook, führen.

Bei den Sharing-Buttons werden Inhalte der Seite oder des Beitrags geteilt, bei einem Shop der Artikel und die Artikelbeschreibung. Wird aber auf einen Social Bookmark geklickt, landet man auf der Profilseite Ihrer Präsenz. Ein kleiner und feiner Unterschied.

Da die Verlinkung zu Social-Media-Plattformen von den Suchmaschinen gerne gesehen wird, weil Ihre Seite dadurch verifizierbar und vernetzt zu sein scheint, wird das in Form von einer guten Bewertung seitens der Suchmaschinen belohnt.

Um von seiner Seite auf das Social Media im Web zu verweisen, gibt es verschiedene Möglichkeiten. Üblicherweise verwendet man dazu die Logo-Icons der Plattform (z. B. Facebook), auf die man verweisen will. Diese Icons kommen entweder aus dem Layout der betreffenden Website (manche WordPress-Themes geben schon welche vor) oder man verwendet die, die die einzelnen Plattformen bereitstellen:

Facebook: *www.facebookbrand.com*

Google+: *https://developers.google.com/+/web/badge/?hl=de#static*

Twitter: *https://twitter.com/logo*

Instagram: *https://help.instagram.com/304689166306603*

Pinterest: *http://business.pinterest.com/en/brand-guidelines*

Für die sinnvolle Platzierung dieser Icons auf der Website gibt es verschiedene Möglichkeiten. Wichtig ist nur, sie auf jeder einzelnen Seite der Website an möglichst derselben Stelle unterzubringen und sie im Aussehen deutlich von den Sharebuttons zu unterscheiden. Üblicherweise platziert man sie daher im Kopf, oben in der Sidebar oder im Fußbereich der Website, aber nicht im Content-Bereich. Die meisten Plug-Ins bieten eine Auswahlmöglichkeit an, in welcher Sidebar der Verweis platziert werden soll. Das kann in Form von Icons oder einfach als Textlink sein.

In der Abbildung sehen Sie eine mögliche Darstellung von Social Media Bookmarks mit dem Plug-In *Floating Social Share.*

Bild 4.7: Mögliche Darstellung der Social Bookmarks

Plug-Ins:

Es gibt sehr viele Plug-Ins zu diesem Thema.

- Jetpack für WordPress
- Social Bookmarks
- WP Social Bookmarks
- Floating Social Share

Plug-Ins sind auf der Webseite *http://WordPress.org/Plug-Ins* erhältlich

AUSWIRKUNG, AUFWAND UND GEWICHTUNG	
SEO-Gewichtung	sehr wichtig
Umsetzung in WordPress	mittel
Messbarkeit	sofort

5 PLUG-INS & TOOLS

Es wurden bereits einige Plug-Ins vorgestellt. In diesem Kapitel sollen Sie ein paar Plug-Ins im Detail kennenlernen. Alle vorgestellten Erweiterungen sind kostenlos oder zumindest in der kostenlosen Version noch brauchbar. Manchmal lässt es sich dennoch nicht vermeiden, ein paar Euro auszugeben. Eine wirklich gute Plug-In-Seite mit einer großen Auswahl von Plug-Ins, WordPress-Themes und allerhand mehr ist die Seite *http://themeforest.net*. Vertrieben wird die Webseite über Envato. Da alles, vom Kauf über den Support, über Envato abgewickelt wird, sind die Qualität und der Support der Plug-In-Programmierer sehr hoch. Antworten zu Supportanfragen erhalten Sie meistens innerhalb weniger Stunden, und geholfen wird Ihnen immer.

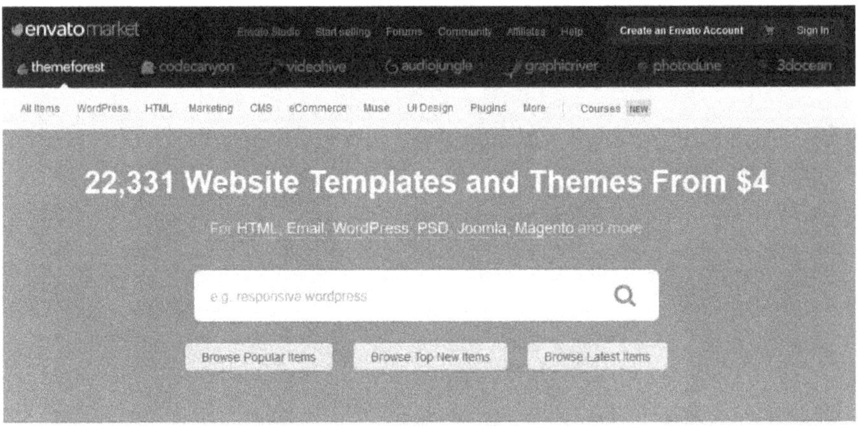

Bild 5.1: Envato Portal Themeforest.net

Die größte Anzahl kostenloser Plug-Ins gibt es auf den eigentlichen WordPress-Seiten, wie z. B. auf der deutschen Seite `https://de.WordPress.org/Plug-Ins`. Bei geschätzten 60 Millionen WordPress-Installationen und ca. 500.000 WooCommerce Shops, die sich weltweit im Internet tummeln, können Sie sicher sein, dass Sie für wirklich alles eine kostenlose oder zumindest kostengünstige Lösung finden. Das macht WordPress und WooCommerce gegenüber anderen Content-Management-Systemen (CMS) einfach unschlagbar.

Bild 5.2: Plug-In-Verzeichnis für WordPress

5.1 All-in-One: Yoast SEO von Yoast

Eine Reihe von WordPress-Erweiterungen bietet All-in-One-Lösungen: Zu den bekanntesten SEO-Plug-Ins dieser Art gehören *Yoast SEO von Yoast*, das *All in One SEO Pack* und *wpSEO*. Ebenfalls aus Deutschland stammt *Delucks*. Als besonders nutzerfreundlich gilt das SEO-Plug-In von Yoast. Es hilft Website-Betreibern bei nahezu allen Onpage-Optimierungen, darunter Grundlagen wie Titles und Meta Descriptions. Yoast liefert zudem eine umfangreiche Anleitung für SEO-Einsteiger sowie kostenpflichtige WordPress-Plug-Ins für Video SEO, Local SEO und News SEO. Die kostenpflichtige Version ist auch bei WooCommerce nicht unbedingt notwendig. Näheres zum Plug-In haben Sie schon in Kapitel 2 erfahren.

5.2 Automatische Vertaggung: Automatic Post Tagger

Je mehr Beiträge eine Website enthält, desto wichtiger ist ihre Struktur. WordPress setzt zur Strukturierung von Beiträgen auf ein Kategorie- und Tag-System.

Bei Websites mit mehreren Autoren hat es große Vorteile, diese Systeme zentral zu verwalten und somit Wildwuchs vorzubeugen. Eine Möglichkeit hierfür bietet das WordPress-Plug-In *Automatic Post Tagger*, das Beiträge nach vorab festgelegten Keywordlisten automatisch mit den richtigen Kategorien und Tags auszeichnet. Das ist auch für Shops ideal. Denn jedem Artikel und jeder Kategorie kann automatisch via Keywordliste ein Tag zugewiesen werden.

5.3 Caching: W3 Total Cache

Es lohnt sich, die statischen Elemente einer Website per Caching auf dem Server bereitzuhalten. Dies vermeidet unnötige Datenbankabfragen und reduziert Ladezeiten. Auf dem Markt der WordPress-Plug-Ins stehen unzählige Anwärter zur Auswahl, darunter Cachify, WP Super Cache, Hyper Cache und W3 Total Cache. Letzteres möchte ich vor allem erfahrenen Nutzern ans Herz legen. Es ermöglicht unter anderem die Integration eines Content Delivery Networks (CDN), dessen Einrichtung TutsPlus in einer Anleitung erklärt. In seiner Grundausführung ist das Plug-In kostenlos.

HINWEIS:

Für eine korrekte Installation geben Sie der Datei `wp-config.php` im Root-Verzeichnis Schreibrechte.

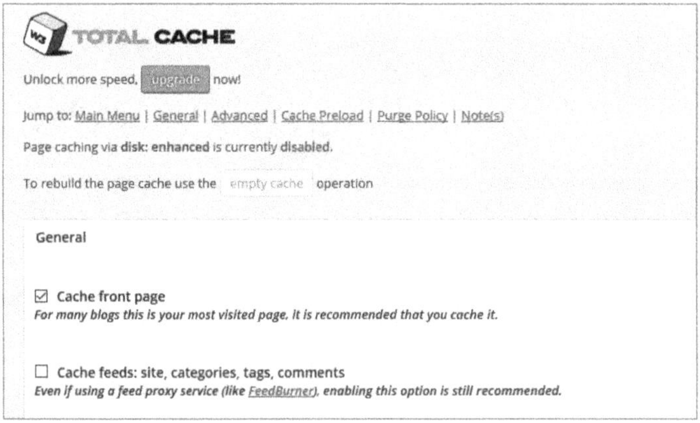

Bild 5.3: Cache-Einstellungen des Plug-Ins

5.4 Inhaltsverzeichnisse: Table of Contents Plus

Seit einiger Zeit erregt das Plug-In *Table of Contents Plus* in der SEO-Szene viel Aufmerksamkeit. Das WordPress-Plug-In hilft Seitenbetreibern, längere Webseiten für Nutzer und Crawler besser zu strukturieren. Dafür erstellt das Plug-In aus den verwendeten Überschriften automatisch ein Inhaltsverzeichnis, das Nutzern das schnelle Navigieren zu bestimmten Abschnitten ermöglicht und Suchmaschinen zahlreiche Direktlinks auf Inhaltsabschnitte liefert. Diese Direktlinks werden bei passenden Suchanfragen sogar in den Snippets angezeigt. Passend dazu das Plug-In *Rich Snippets*, auf das in Kapitel 2 bereits hingewiesen wurde.

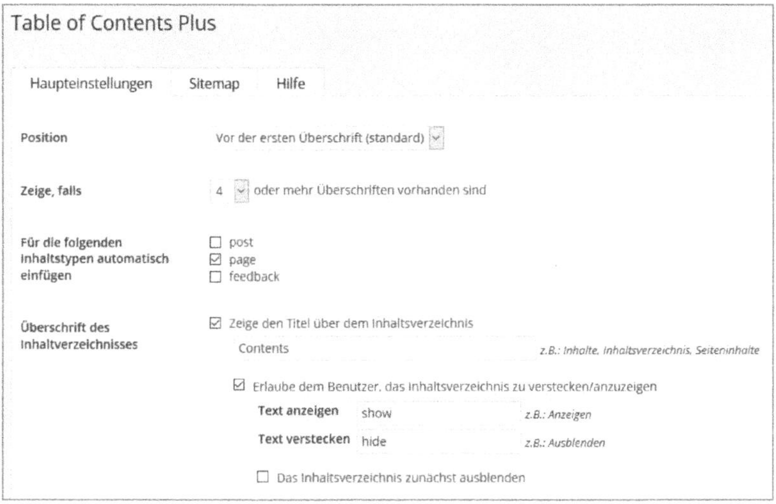

Bild 5.4: Table of Contents Plus

5.5 Geschwindigkeit: Plug-In Performance Profiler

Diese WordPress-Erweiterung misst, welches Plug-In am meisten Ladezeit verursacht. (Quelle: *WordPress.org*)

Die Ladezeiten einer Website leiden unter dem Einsatz unzähliger Erweiterungen. Ob sich der Einsatz aller oben genannten SEO-Plug-Ins lohnt, ist deshalb immer auch eine Geschwindigkeitsfrage. Wer wirklich wissen will, welches WordPress-Plug-In die eigene Website ausbremst, sollte *den Plug-In Performance Profiler (P3)* testen. Es ist nicht ungewöhnlich, viele Plug-Ins zu installieren, doch es ist nicht nötig, immer alle Plug-Ins aktiviert zu lassen. Das Tool hilft Ihnen herauszufinden, welche Plug-Ins stören.

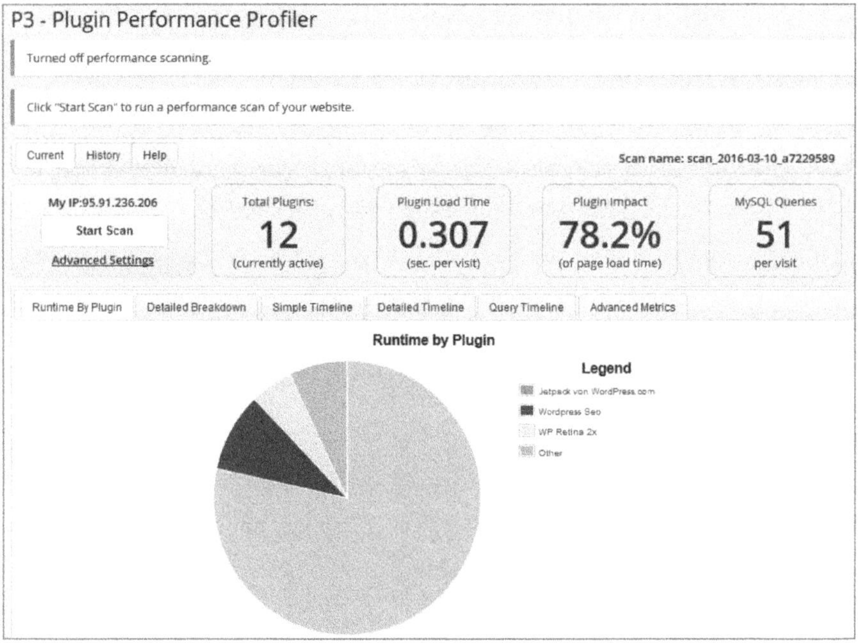

Bild 5.5: Performance-Kontrolle nach einem erfolgreichen Scan

5.6 Zentralarchiv für bessere Crawlability: Simple Yearly Archive

Wenn Sie über mehrere Monate oder Jahre hinweg einige hundert (oder tausend) Beiträge bzw. Produkte veröffentlicht haben, bietet sich ein prominent verlinktes Archiv an. Es verschafft Crawlern einen strukturierten Zugang zu allen veröffentlichten Beiträgen und erspart ihnen endlos lange Klickstrecken durch paginierte Artikellisten. Mit *Simple Yearly Archive* bauen Sie ein solches Archiv.

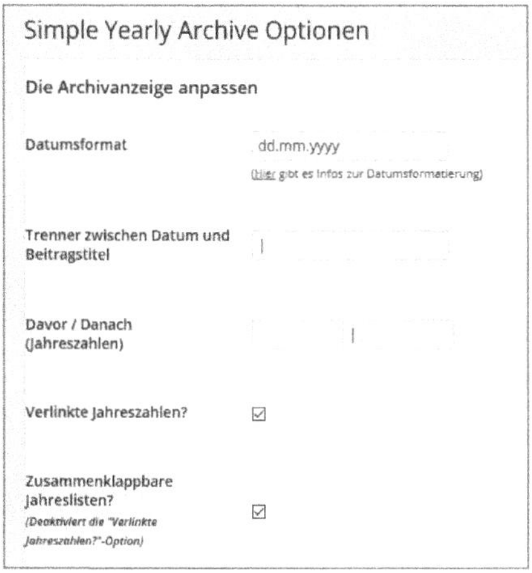

Bild 5.6: Konfiguration eines Archivs

5.7 Related Posts for WordPress

Das *Related Posts for WordPress-Plug-In* ist eine tolle Option, wenn Sie bei jedem Artikel selbst auswählen möchten, welche Artikel als ähnliche Artikel angezeigt werden sollen. Das bedeutet natürlich etwas mehr Arbeit beim Schreiben der Artikel, bietet aber am meisten Kontrolle darüber, ob auch wirklich relevante Artikel in der Liste angezeigt werden. Dadurch gehen ältere Beiträge und Produkte nicht verloren, sondern werden nach wie vor von den Suchmaschinen indexiert.

Bild 5.7: Related Posts konfigurieren

5.8 Jetpack

Jetpack ist mehr als nur ein SEO-Tool. Es ist eine Quasi-Erweiterung für WordPress. Das Plug-In bringt einige sehr gute Funktionen mit, z. B. die Funktion *Publizieren* oder *Mobiles Theme*. Beide Funktionen sind wichtig für SEO und unterstützen Ihre Webseite beim Suchmaschinenranking. Eine kleine Übersicht einiger wichtiger Funktionen, die andere Plug-Ins ersetzen könnten:

Website-Verifizierung

Verwenden Sie diese Tools, um anderen externen Diensten wie Google, Bing und Pinterest zu bestätigen, dass die Webseite Ihnen gehört und Sie sie kontrollieren. Nach der Verifizierung der Seite haben Sie Zugriff auf erweiterte Funktionalitäten dieser anderen Dienste (z. B. Webmaster Tools). Jetpack fügt lediglich ein unsichtbares Meta-Tag in den Quellcode der Homepage ein.

WP.me-Kurz-URLs

Statt lange URLs abzutippen oder zu kopieren, können Sie einen kurzen und einfachen Link zu Ihren Beiträgen und Seiten erhalten. Die extrem kompakte Domain wp.me bietet einzigartige URLs, die sicher und verlässlich funktionieren.

Dies ist perfekt für den Einsatz auf Twitter, Facebook und für SMS-Nachrichten – überall, wo jeder Buchstabe zählt.

Um Kurz-URLs zu verwenden, gehen Sie einfach zu einem bereits veröffentlichten Beitrag bzw. einer Seite. Ein Button *Kurz-URL anzeigen* wird unter dem Beitragstitel sichtbar. Beim Anklicken wird eine Dialogbox geöffnet mit der Kurz-URL, die Sie kopieren und bei Twitter, Facebook oder wo auch immer verwenden können.

Teilen (Sharing)

Teilen Sie Ihre Beiträge via Twitter, Facebook sowie einer großen Anzahl weiterer Dienste. Sie können die Dienste so einrichten, dass sie mit Icons, Text oder beidem erscheinen. Einige Dienste, etwa Twitter, haben weitere Zusatzeinstellungen, um z. B. elegante Blasen anzuzeigen, in denen erscheint, wie oft der entsprechende Beitrag geteilt wurde.

Die folgenden Dienste sind enthalten: *Twitter*, *Facebook*, *Reddit*, *Digg*, *LinkedIn*, *Google +*, *Drucken* sowie *E-Mail*.

Um Ihre Teilen-Einstellungen einzurichten, gehen Sie zum Menüpunkt *Einstellungen → Teilen*.

Ziehen Sie die Teilen-Dienste via Drag-and-drop in den aktivierten Bereich, damit sie auf Ihrer Webseite erscheinen. Ziehen in den verborgenen Bereich verbirgt die Dienste hinter einem Button.

Die kompletten Details erfahren Sie auf der Teilen-Support-Seite. Ein Video (engl.) gibt Ihnen einen guten Überblick darüber, wie die Teilen-Funktion eingesetzt werden kann. Empfohlen wird die Wiedergabe in HD.

Erweiterte Verbreitung

Jetpack wird automatisch die veröffentlichten Inhalte Ihrer Webseite nehmen und sie direkt mit Drittanbieter-Diensten, wie Suchmaschinen, teilen, um die Reichweite und den Besucherstrom zu vergrößern.

Mobiles Theme

Es wird immer häufiger passieren, dass Besucher über ein Smartphone, ein Tablet oder ein anderes mobiles Gerät auf Ihre Webseite gelangen. Und daher ist es sehr wichtig, ihnen ein verbessertes Nutzungserlebnis anzubieten, das für kleine Displays und Viewports optimiert ist.

Das mobile Theme von Jetpack wurde für kleine Displays und Viewports optimiert. Es verwendet das Kopfzeilenbild, den (eigenen) Hintergrund sowie Widgets des aktuellen Themes. Dadurch werden die Anpassungen des Webseitenbetreibers auch im mobilen Theme sichtbar. Unterstützung für Artikelformate (Post Formats) ist ebenfalls dabei, sodass Fotos und Bildergalerien auf Smartphones sehr gut aussehen.

Besucher, die mit einem iPhone, Android-Geräten, Windows-Phone-Geräten oder anderen mobilen Geräten auf Ihre Webseite kommen, werden automatisch das mobile Theme zu sehen bekommen, jedoch mit der Option, die volle Version der Webseite aufzurufen. Sie können das mobile Theme aktivieren oder deaktivieren, indem sie den *Aktivieren-* oder *Deaktivieren*-Button oben anklicken.

HINWEIS:

Bevor Sie sich dauerhaft für diese Option entscheiden, prüfen Sie, ob Ihre Seite auch ohne die Funktion *Mobile Theme* schon responsive, also auf kleinen Endgeräten passend zu sehen ist.

Publizieren

Publizieren erlaubt es Ihnen, Ihren Blog mit beliebten sozialen Netzwerken zu verbinden und neue Beiträge mit Ihren Freunden und Kunden automatisch zu teilen. Sie können einfach eine Verbindung für sich selbst herstellen (WordPress-Benutzer) oder für alle Benutzer Ihrer Webseite.

Bild 5.8: Funktionsübersicht Jetpack Plug-In

5.9 Weitere essenzielle Plug-Ins

All-in-One-WP-Migration (Backup)

Das Plug-In ermöglicht es Ihnen, Ihre Datenbank, Mediendateien, Plug-Ins und Themen zu exportieren. Es ist ein sehr gutes und bis zu einer Dateigröße von 500 MByte (Import) kostenloses Backuptool. Das Plug-In hängt nicht von irgendwelchen Erweiterungen ab, es ist kompatibel mit allen PHP-Hosting-Anbietern und funktioniert auch auf großen Linux-Distributionen, Mac OS X und Microsoft Windows.

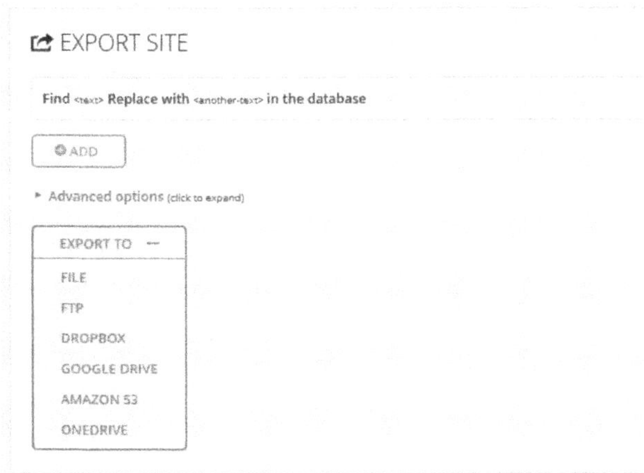

Bild 5.9: Einfacher Export der gesamten Webseite

Duplicate Post (Artikel, Seiten, Produkte duplizieren)

Dieses Plug-In ermöglicht es, einen Beitrag, Produkte oder eine Seite zu klonen oder als neuen Entwurf zu bearbeiten. Ein Tool, das Sie immer gebrauchen können. Deaktivieren Sie es, wenn Sie es gerade nicht benötigen.

Wie es funktioniert:

Unter *Bearbeiten Beiträge/Seite bearbeiten* klicken Sie auf den duplizieren Link unterhalb des Seitentitel des Beitrags. Es wird sofort eine Kopie erstellt, die Sie als neue Seite speichern können.

Die Funktionen zum Duplizieren finden Sie entweder oben in der Admin-Leiste oder in den Übersichtslisten der Beiträge, Seiten und Produkte.

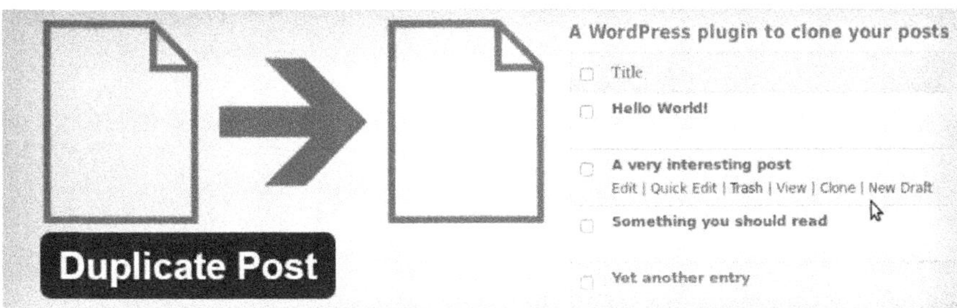

Bild 5.10: Duplicate-Post-Plug-In zum Klonen von Beiträgen, Seiten und Produkten

6 ANMELDEN, REGISTRIEREN, ANALYSIEREN

Bekannt werden durch die Anmeldung bei Suchmaschinen und Katalogen. Besucherverhalten auswerten und als Basis für Optimierungen verwenden. Eine SEO ist eine fortlaufende Aktion, ein Ende ist nicht abzusehen.

6.1 Anmelden an Suchmaschinen

Die Webseite bei Google anmelden

Wenn Sie Google lediglich davon in Kenntnis setzen möchten, dass es Ihre Webseite gibt, können Sie ganz einfach Ihre URL direkt übermitteln. Durch die Übermittlung Ihrer URL stellen Sie bei Google den Antrag, Ihre Website in den Index aufzunehmen – ob und wann dies geschieht, können Sie jedoch nicht weiter beeinflussen.

Berücksichtigen Sie bitte, dass es allein Google obliegt, ob Ihre Homepage in den Index aufgenommen wird, und verzichten Sie darauf, ein und dieselbe URL mehrmals zu übermitteln – es macht das Ganze nicht schneller und ist eher kontraproduktiv.

Die URL für die Anmeldung lautet:

www.google.com/webmasters/tools/submit-url?hl=de

Bild 6.1: Anmeldung bei Google

Die Webseite bei Bing anmelden

Genauso wie bei Google haben Sie auch bei Bing die Möglichkeit, Ihre Webseite durch die Angabe Ihrer URL anzumelden. Geben Sie dazu einfach die URL Ihrer

Startseite in das dafür vorgesehene Eingabefeld ein und bestätigen Sie die Eingabe mit einem Klick auf *Absenden.*

Die URL zur Anmeldung lautet:

www.bing.com/toolbox/submit-site-url

Bild 6.2:
Anmeldung bei Bing

Die Webseite bei Yahoo anmelden

Die Anmeldung bei Bing ist gleichzeitig auch die Anmeldung bei Yahoo. Eine erneute Anmeldung ist nicht nötig.

Die Webseite bei Ask anmelden

Am besten befolgen Sie das *open-format Sitemaps protocol,* das von `Ask.com` unterstützt wird. Sobald Sie eine Sitemap für Ihre Site eingerichtet haben, fügen Sie die *Sitemap auto-discovery Directive* der *robots.txt*-Datei hinzu. Sie können die Datei direkt über die Ping-URL an Ask senden (weitere Informationen über diesen Vorgang finden Sie unter »Werden Sitemaps von `Ask.com` unterstützt?«). Bitte beachten Sie, dass das Einreichen einer Sitemap nicht garantiert, dass URLs verzeichnet werden.

6.2 Register und Kataloge

Der Eintrag Ihrer Webseite in Verzeichnisse (Register) und Kataloge ist wichtig, denn nur so lassen sich genug hochwertige Backlinks erzeugen. Eine Webseite mit den 100 besten Verzeichnissen ist die Seite mit der URL

www.seittest.de/ranking/top100webkataloge

In das SeitTest-Ranking werden alle Seiten aufgenommen, die kürzlich mit SeitTest getestet wurden und aktuell zu den bestbewerteten Seiten in einer Kategorie zählen.

Suchen Sie sich dort die geeigneten Kataloge aus und registieren Sie dort Ihre Webseite. Die Anmeldung geht meist schnell.

6.3 Google & Bing Webmaster Tools

Die Webseite bei Google Webmastertools anmelden

Ein wesentlich effektiverer Weg, seine Homepage bei Google anzumelden, ist die kostenlose Registrierung zu den *Google Webmaster Tools.* Das Einzige, was Sie hierzu benötigen, ist ein ebenfalls kostenfreies Google-Konto. Mit der Sitemap stellen Sie Google eine strukturierte Übersicht aller Seiten Ihrer Website zur Verfügung und teilen so aktiv mit, welche Seiten Sie im Index haben möchten. Zudem erleichtern Sie Google das Crawlen Ihrer Website.

Der große Vorteil der Google Sitemap ist, dass Sie jederzeit den Indexierungsstatus einsehen können und auch über Fehler und Probleme informiert werden, die Google beim Crawlen Ihrer Website feststellt. Auf diese Weise behalten Sie immer den Überblick.

URL für die Webmastertools

TIPP: STATUS DER INDEXIERUNG BEI GOOGLE ÜBERPRÜFEN

Um zu überprüfen, ob und welche Seiten Ihrer Website bereits von Google indexiert wurden, können Sie mit dem Suchoperator `site` danach suchen. Geben Sie einfach in das Suchfenster folgende Suchanfrage ein:
`site:www.IhreDomain.de`
Sie erhalten von Google eine Übersicht aller Seiten, die bereits indexiert wurden. Sollte es keinen Suchtreffer geben, heißt es leider noch abwarten.

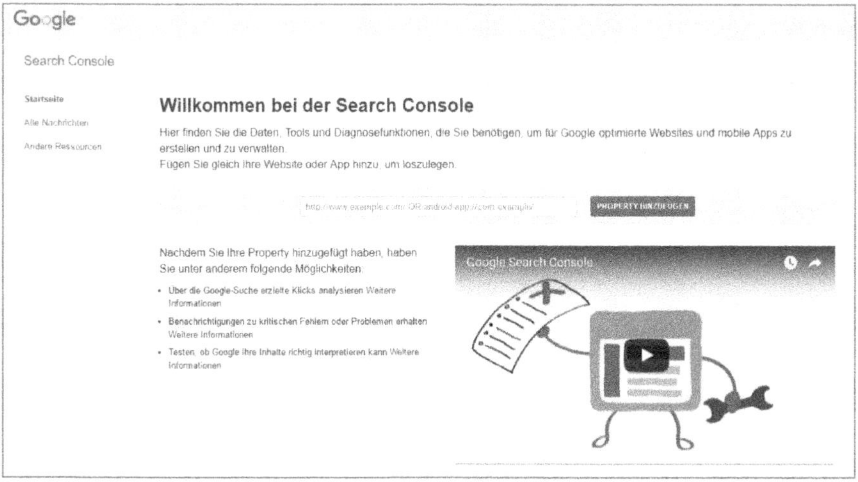

Bild 6.3: Google Webmastertools

Die Webseite bei Bing Webmastertools anmelden

Die wiederum effektivere Variante, seine Homepage bei Bing anzumelden, ist der Weg über die Bing Webmaster Tools. Um Zugang zu erhalten, ist es leider erforderlich, sich ein Microsoft Konto anzulegen, das mit einer neuen E-Mail Adresse verbunden ist. Nachdem Sie sich erfolgreich registriert haben, ist der Ablauf identisch wie bei Google. Sie melden die URL Ihrer Homepage an und verifizieren sich als Seitenbetreiber. Anschließend können Sie über *Meine Site konfigurieren* eine Sitemap an Bing übermitteln oder über *URLs übermitteln* einzelne Seiten zur Indexierung vorschlagen. Ob die Anmeldung Ihrer Homepage erfolgreich war und wie viele Seiten indexiert wurden, können Sie jederzeit über die aktuellen Statusmeldungen nachvollziehen.

Die URL für die Anmeldung lautet:

www.bing.com/toolbox/webmaster

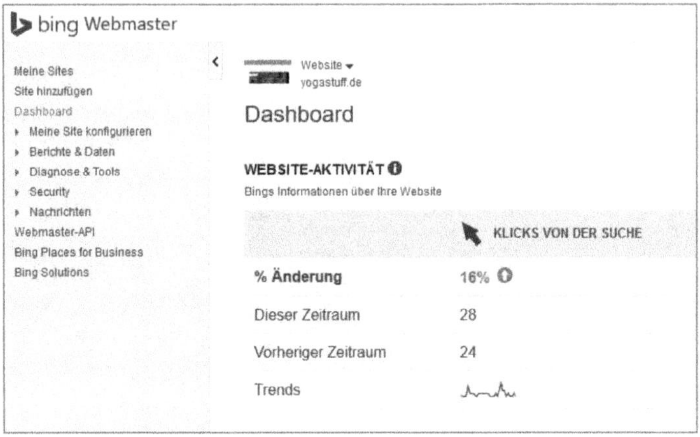

Bild 6.4: Anmelden bei Bing Webmastertools

6.4 Google AdWords

Mit *Google AdWords* können Sie immer dann gefunden werden, wenn potenzielle Kunden bei Google nach Ihren Produkten oder Dienstleistungen suchen. Google AdWords ist für Google die Geldmaschine schlechthin. Webseitenbetreiber können mit AdWords das Ranking der Webseite selbst bestimmt, wenn die Kasse es hergibt. Mitunter kann AdWords sehr teuer werden. Verwenden Sie AdWords nur, wenn Sie eine echte Aussicht auf Gewinn haben.

Die Anmeldeseite lautet:

https://www.google.de/adwords

Bild 6.5: Google AdWords

6.5 Google Analytics

Google Analytics ist ein sehr gutes Werkzeug für Webmaster und Seitenbetreiber. Seine Funktionsfülle ist gigantisch. Trotzdem ist es stets schwer, Analytics im Web zu finden, auch wenn Sie mit einem Google-Konto eingeloggt sind, sehen Sie keinen Link dorthin. Das Einzige, was oft bleibt, ist danach zu suchen.

Daher die URL für Google Analytics:

https://www.google.com/intl/de_de/analytics

Nach erfolgreicher Anmeldung müssen Sie Ihre Webseite eintragen. Auf der folgenden Seite finden Sie einen Tracking-Code, den Sie bei WordPress eingeben können. Das ist bei Yoast SEO mit dem Plug-In *Google Analytics* ebenfalls möglich.

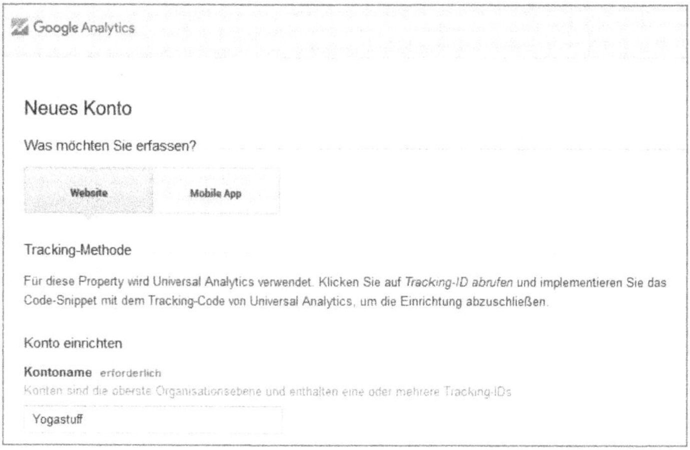

Bild 6.6: Anmeldung der Seite bei Analytics

Google Analytics ist ein mächtiges Werkzeug, mit dem Sie alles und jeden prüfen können. Sie können sich die Herkunft (local) des Users anzeigen lassen, Sie können sehen, wie lange der Kunde auf dieser oder jener Seite war, Sie können sehen, an welchem Punkt er abgesprungen ist, usw. Für einen Webseitenbetreiber ein absolutes Muss. Eine kleine Übersicht der Dienste sehen Sie hier:

- Zielgruppendefinitionen
- Benutzerdefinierte Definitionen
- Datenimport
- Einstellungen für soziale Inhalte

- Datenansicht
- Einstellungen der Datenansicht
- Nutzerverwaltung
- Zielvorhaben
- Gruppierung nach Content

6.6 SEO-Software

Ich möchte kurz einige andere, weniger bekannte SEO-Tools vorstellen. Sie sind absolut kostenlos und eine gute Alternative zu den teuren Produkten.

Microsoft SEO Toolkit

Das *Microsoft SEO Toolkit* hilft Ihnen mit detaillierten Analysen und Änderungsvorschlägen, Ihre Webseite für Suchmaschinen zu optimieren. Einen kleinen Nachteil gibt es allerdings: Das Tool installiert den *Microsoft Webserver IIS.*

Web-Link: *www.microsoft.com/web/seo*

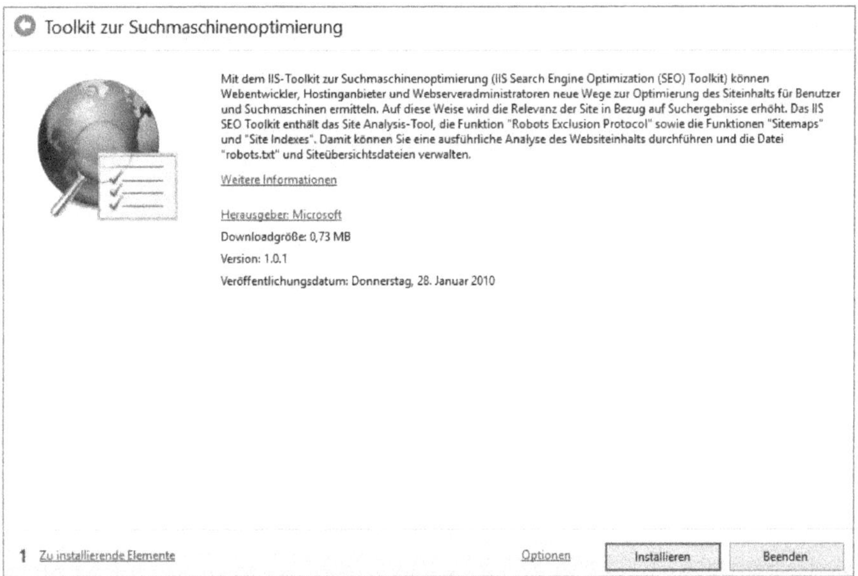

Bild 6.7: SEO Toolkit von Microsoft

Kostenloses Keyword-Vorschlag-Werkzeug

Das kostenlose Keyword Tool von Axandra hilft Ihnen dabei, die besten Schlüsselwörter für Ihre Webseite zu finden.

URL: *www.axandra.de/kostenloses-seo-tool/keyword-suggestion-tool.php*

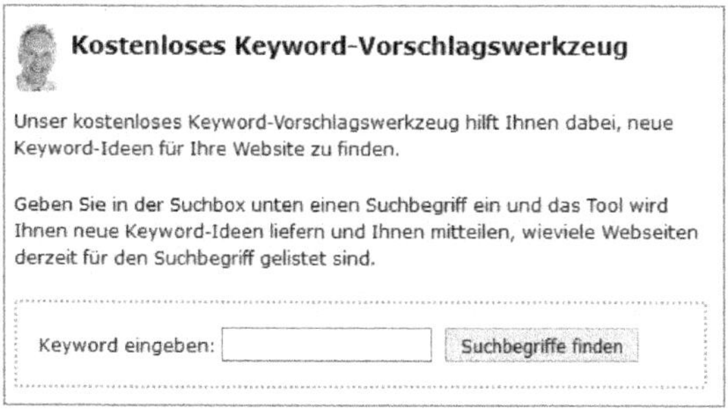

Bild 6.8: Kostenloses Keyword Tool von Axandra

Backlink Checker

Prüfen Sie Ihre Backlinks mit dem Tool Backlink Checker

Web-Adresse: *www.backlinkwatch.com/index.php*

Bild 6.9: Backlinkchecker

6.7 Erweiterungen für Firefox & Co

Firebug (Firefox)/Entwickler-Tools (Chrome)

Addons für Firefox sind hier erhältlich: `https://addons.mozilla.org/de/firefox`. Kein klassisches SEO-Plug-In und dennoch einer der Klassiker: *Firebug*. Die Entwicklerkonsole für Nutzer des Mozilla Firefox ermöglicht es, einzelne Elemente einer Website hinsichtlich ihres Quellcodes, der Weiterleitungen und der Ladezeit auszuwerten. Chrome liefert die Entwicklerkonsole unter *Anzeigen > Entwickler > Entwicklertools* oder alternativ nach einem Rechtsklick unter *Prüfen*.

Moz Toolbar (Firefox/Chrome)

Eines der meistgenutzten Analysewerkzeuge für Mozilla Firefox und Google Chrome ist die *Moz Toolbar*. Das Browser-Plug-In beinhaltet eine klassische Toolbar, die beim Aufruf einer Website automatisch Metriken wie *Page Authority*, *Domain Authority* und die Anzahl der Backlinks anzeigt. Ein Mausklick auf das Plug-In-Symbol öffnet weiterführende Informationen. Die Daten stammen direkt von Moz und werden auch beim Aufruf einer Suchergebnisseite unter den einzelnen Ergebnissen eingeblendet.

SEOQuake (Firefox/Chrome/Opera)

Ebenfalls schon lange am Start ist *SEOQuake*. Das Browser-Plug-In bietet ähnliche Funktionen wie die *Moz Toolbar*: Es zeigt SEO-Metriken auf einer Website und auf Suchergebnisseiten. Die Metriken können von Nutzern angepasst werden, standardmäßig fallen darunter beispielsweise der PageRank einer Website und die Anzahl der indexierten Unterseiten. Mit über zwei Millionen Downloads zählt SEOQuake ohne Zweifel zu den beliebtesten Browser-Plug-Ins dieser Übersicht.

Linkbird Toolbar

Wer das SaaS-Tool *linkbird* nutzt, profitiert auch von dessen Toolbar. Mit ihr lassen sich beim Surfen dem eigenen Projekt neue URLs hinzufügen, die Anzahl der Backlinks prüfen und gegebenenfalls direkte Kontakte zum Inhaber anzeigen. Die linkbird-Toolbar gibt es für Chrome und Firefox und sie ist für angemeldete Nutzer in linkbird unter *Setup > API & Toolbar* verfügbar.

Majestic SEO Browser-Plug-In (Chrome/Firefox)

Der Fokus des Browser-Plug-Ins von *Majestic SEO* liegt auf Backlinks, ihrer Anzahl und Wertigkeit. *Majestic SEO* hat Zugriff auf eine der größten Backlink-Datenbanken, deren Informationen auch nicht-angemeldete Nutzer der Erweiterung zumindest in Teilen angezeigt bekommen. Per Mausklick visualisiert das Browser-Plug-In alle wichtigen Kennzahlen – völlig ausreichend für eine erste Backlink-Analyse.

SEO Site Tools (Chrome)

Das All-in-One-Plug-In der SEO-Szene heißt *SEO Site Tools* und steht nur Chrome-Nutzern zur Verfügung. Es enthält eine Reihe von statistischen Kenngrößen der geöffneten Webseite, darunter auch Social Shares von Twitter und Facebook. Mit ein paar Handgriffen können Nutzer einzelne Kennzahlen an- oder abschalten, *SEO Site Tools* lässt sich also stark an die jeweiligen Anforderungen anpassen. Die vielen Möglichkeiten können aber auch überfordern, weshalb eine Kombination der Browser-Plug-Ins von Moz und Majestic SEO oft vorteilhafter ist.

Check my Links (Chrome)/ LinkChecker (Firefox)

Das perfekte Werkzeug, um kaputte Links zu finden, heißt *Check my Links*. Das Chrome-Plug-In ist aufgrund schneller Ladezeiten und funktionaler Neuerungen die bessere Alternative zum *LinkChecker für Firefox*, behauptet Jon Cooper auf `Moz.com`. Die Erweiterung überprüft schnell und effektiv alle Links einer Website und identifiziert sowie markiert all diejenigen, die ins Leere laufen.

Linkparser (Chrome/Firefox)

Eine etwas andere Herangehensweise wählt *Linkparser* für Chrome und Firefox. Die Erweiterung analysiert auf Knopfdruck die Linkstruktur einer Website. Sie unterscheidet je nach Einstellung zwischen neun Linktypen, erklärt Andre Alpar im Unternehmensblog von *PerformicsAKM3*. Nutzer können die Analyse des Browser-Plug-Ins in den Einstellungen an die eigenen Bedürfnisse anpassen.

Roboxt! (Firefox)/ Robots vs Humans (Chrome)

Eine schlechte *robots.txt*-Datei einer Website ist meist der Grund, dass die Website nicht auffindbar ist. Mit *roboxt!* für Firefox und *Robots vs Humans* für Chrome kostet eine Korrektur Sie nur wenige Sekunden.

Scraper (Chrome)

Scraper zählt zu meinen absoluten Lieblingen. Einmal installiert, erweitert *Scraper* das Kontextmenü von Google Chrome um die Option *Scrape similar*. Ein weiterer Mausklick, und Scraper zieht automatisch alle gleichformatierten Elemente einer Website – also beispielsweise die Links einer Blogroll – in eine Tabelle, die Nutzer anschließend exportieren können. Auch für Nutzer von Google Drive gibt es eine voll funktionsfähige Exportfunktion.

Seerobots (Firefox/Chrome)

Klein, aber fein ist *Seerobots* für Mozilla Firefox und Google Chrome. Das Browser-Plug-In visualisiert beim Besuch einer Website die Angaben des Robots-Tag, also *index/noindex* und *follow/nofollow*. Optisch unauffälliger ist im Übrigen die Chrome-Version. Die Funktionen gleichen einander aber auf beiden Plattformen.

Redirect Path (Chrome)/ Live HTTP Headers (Firefox)

Wie lautet der Statuscode der eingegebenen URL? Das Chrome-Plug-In *Redirect Path* von `Ayima.com` beantwortet diese Frage in Sekundenschnelle. Es zeigt anhand des jeweiligen Icons die gängigen Statuscodes (*301*, *302*, *404*, *500*). Nur einen Mausklick entfernt, sammelt es darüber hinaus zusätzliche Informationen, etwa die IP-Adresse des Servers. Eine Alternative für Firefox-Nutzer ist *Live HTTP Headers*.

Page load time (Chrome)/ YSLow (Firefox)

Ebenso simpel arbeitet *Page load time*, ein Plug-In auf Basis der *Web Timing API* des W3C. Es zeigt die Ladezeit der jeweiligen Website direkt in der Toolbar und liefert bei Bedarf Detailinformationen. Die Firefox-Alternative heißt in diesem Fall *YSlow*. Sie ist für alle gängigen Browser erhältlich, gefällt mir persönlich aber nicht so gut wie *Page load time*.

Canonical (Chrome)

Canonical für Google Chrome liefert (falls vorhanden) nur eine Information: die Canonical-URL einer Webseite. Diese URL wird auch durch die oben vorgestellten *SEO Site Tools* ausgeliefert, ist bei *Canonical* aber einfacher zugänglich und lässt sich mit nur einem Mausklick anwählen.

Multi Links (Firefox)/ Linkclump (Chrome)

Multi Links für Mozilla Firefox und *Linkclump* für Google Chrome erleichtern die Arbeit eines jeden Webworkers. Sie öffnen, kopieren oder bookmarken alle Links, die sich in dem zuvor definierten Bereich einer Webseite befinden. Beide Erweiterungen eigenen sich insofern für viele andernfalls langwierige und umständliche Arbeitsschritte, z. B. bei der Backlink-Analyse.

KGen

Auf der Suche nach Keywords? Mit *KGen* für Chrome und Firefox erhalten Sie im Handumdrehen einen Überblick über alle auf einer Website vorhandenen Keywords, deren Häufigkeit und Positionierung. Dies hilft nicht nur bei der Recherche, sondern auch bei der Optimierung bestehender Inhalte.

User Agent Switcher

Der *User-Agent Switcher* für Chrome und Firefox simuliert je nach Bedarf verschiedene User-Agents. So können Sie eine Website kurzerhand mit verschiedenen Browsern und Endgeräten testen. Es sind zwar nur einige Geräte und Versionen verfügbar, für einen ersten Eindruck taugt das Plug-In trotzdem.

Note AnyWhere

Note AnyWhere ergänzt den Workflow um digitale Klebezettel. Die Browser-Extension erlaubt es, auf Websites jederzeit Notizen anzulegen. Kehren Sie irgendwann zur entsprechenden Seite zurück, erscheinen sie dort. Die Alternative für Mozilla Firefox heißt *FloatNotes*.

Ghostery (Alle Browser)

Das Browser-Plug-In *Ghostery* richtet sich eigentlich an Internetnutzer, die ihre Privatsphäre vor Trackingdiensten schützen wollen. Es lässt sich aber auch zu einem ganz anderen Zweck einsetzen: der Auswertung aller auf einer Website eingesetzten Analyse- oder Testing-Tools. So lässt sich beispielsweise herausfinden, welche Software konkurrierende Websites auf einzelnen Landingpages oder Verkaufsseiten einsetzen.

6.8 Google My Business

Mit *Google My Business* erscheinen Ihre Unternehmensangaben in der Google-Suche, in Google Maps und auf Google+. So können Ihre Kunden jederzeit und geräteunabhängig Kontakt zu Ihnen aufnehmen.

URL zur Anmeldung:

https://www.google.de/intl/de/business/#befound

Bild 6.10: Google My Business bietet alles

INDEX